Hartmut Wilke

Landschildkröten

Fotos: Uwe Anders
Zeichnungen: György Jankovics

2 INHALT

TYPISCH
LANDSCHILDKRÖTE

- Von Natur aus Einzelgänger.

- Trotz Panzer sehr empfindlich.

- Liebt Sonnenbäder.

- Hat statt Zähnen einen »Schnabel«.

- Kann zahm werden.

- Kann sehr gut riechen.

- Ist lernfähig.

- Wird in der Natur mehr als 150 Jahre alt.

- Viele Arten halten eine Winterruhe.

Als die Saurier – und mit ihnen die Schildkröten - die Erde bevölkerten, war das Klima sehr viel wärmer als heute. Daran sind die heutigen Schildkröten noch immer mehr oder weniger angepaßt. Ihre Heimat ist deshalb vor allem dort, wo an Sonne kein Mangel herrscht, also in den tropischen und subtropischen Gebieten der Erde. Einige Arten konnten sich jedoch an das wechselvolle Klima im Norden Amerikas, in Europa und in Australien anpassen, indem sie in der kalten Jahreszeit eine Winterruhe halten. Wenn Sie eine Schildkröte als Heimtier pflegen, sollten Sie unbedingt über ihre grundlegenden Lebensansprüche Bescheid wissen und sie erfüllen, damit es dem Tier gutgeht.

1 Leiden Sie an einer Tierhaarallergie? Es ist erwiesen, daß Schildkröten keine Allergieträger sind und beim Menschen keine Allergien auslösen.

2 Haben Sie einen Garten? Viele Landschildkröten freuen sich über eine »Sommerfrische« im Garten.

3 Können Sie ein Schildkrötenparadies auf dem Balkon einrichten, falls Sie keinen geeigneten Garten besitzen (mit Ausrichtung nach Süden oder Südwesten)?

4 Es gibt zahlreiche, sehr empfindliche Schildkröten aus tropischen Bereichen, die nur in ausgesprochen sonnigen und warmen Perioden im Freien gehalten werden dürfen (→ Porträts, ab Seite 10).

5 Eine artgerechte Unterbringung in der Wohnung spielt für das Wohlbefinden Ihrer Schildkröte eine große Rolle. Tropische Arten, die keine Winterruhe einlegen, verbringen den größten Teil ihres Lebens im Terrarium.

6 Haben Sie für das Zimmerterrarium einen geeigneten Standort? Zugluft und dauernde Bodenschwingungen (Hi–Fi–Anlage!) schaden der Gesundheit Ihrer Schildkröte (→ Seite 21)!

7 Haben Sie einen geeigneten kalten Keller für die Winterruhe der Schildkröte zur Verfügung? Ungeeignete Überwinterungsquartiere für Schildkröten sind Dachböden, Geräteschuppen im Garten, Gewächshäuser oder der Balkon.

8 Eine kranke Schildkröte muß zu einem Tierarzt gebracht werden, der sich mit den speziellen Behandlungsmethoden bei Schildkröten auskennt. Suchen Sie rechtzeitig nach einem entsprechenden Fachmann, damit das Tier im Notfall sofort Hilfe erhält.

9 Haben Sie bereits andere Heimtiere? Bedenken Sie, daß Schildkröten für Hund und Katze Beutetiere sind. Nur in Ausnahmefällen kommt es zu »Freundschaften«. Nager machen auch nicht davor halt, eine Schildkröte anzuknabbern. Schlangenliebhaber sollten beachten, daß Schildkröten Keime ausscheiden, die für Schlangen tödlich sein können.

10 Kümmern Sie sich rechtzeitig um eine Urlaubsvertretung, falls Sie einmal krank werden oder verreisen möchten (→ Seite 38).

Einzel- oder Paarhaltung?

✔ Schildkröten sind von Natur aus Einzelgänger und erleiden keine seelischen Schäden aus Mangel an einer Partnerin oder einem Partner.

✔ Zur Fortpflanzungszeit sind sie in der Natur vorübergehend zwar geselliger, doch handelt es sich dabei um »Zufallsbekanntschaften«, die nicht von langer Dauer sind.

✔ Voraussetzung für eine erfolgreiche Paarhaltung ist eine sichere Unterscheidung anhand der Geschlechtsmerkmale.

✔ Für die Pflege eines Paares benötigen Sie ein entsprechend großes Terrarium und die Möglichkeit, die Tiere in Phasen der Unverträglichkeit getrennt zu pflegen, Eier auszubrüten und die

Jungtiere in einem gesonderten Terrarium großzuziehen.

✔ »Glücksache« wird die Paarhaltung meistens bei Anschaffung von zwei Jungtieren, weil das Geschlecht in diesem Alter noch nicht eindeutig festgestellt werden kann. Ungünstig, wenn dann zwei Männchen zusammen aufwachsen, wobei eines das andere bei Beginn der Geschlechtsreife unterdrücken könnte.

✔ Die Paarhaltung von Männchen und Weibchen unterschiedlicher Schildkrötenarten kann bei Verträglichkeit der Schildkröten für die Tiere einen gewissen »Unterhaltungswert« (z. B. durch Futterneid gesteigerte Aktivitäten) haben. Doch ist Nachwuchs - selbst bei sehr nahe verwandten Arten - die absolute Ausnahme. Außerdem sollte es Ziel sein, eine Art »rein« zu erhalten und nicht mit anderen Arten zu kreuzen.

ANSCHAFFUNG UND EINGEWÖHNUNG

Die Schildkröte hatte in vielen alten Kulturen einen hohen Stellenwert. Auch heute faszinieren diese Tiere viele Menschen. Bevor Sie jedoch eine Schildkröte als Heimtier halten, sollten Sie sich zunächst genau über die Lebensbedürfnisse der interessanten urtümlichen Reptilien informieren.

Wissenswertes über Landschildkröten

Unter den Landschildkröten gibt es Riesen und – im Vergleich dazu – Zwerge.

Auf den Seychellen und den Galapagosinseln haben sich riesige Landschildkröten entwickelt, die dank ihrer enormen Kräfte ihre 2 bis 4 Zentner schweren Körper problemlos über die unwegsamsten Lavafelder bewegen können.

Die »Zwerge«, wie einige Unterarten der Karolina-Dosenschildkröte mit nur 10 cm Panzerlänge, haben zum Überleben - zusammen mit einem verschließbaren Panzer - eine eher versteckte Lebensweise entwickelt, die sie vor Feinden schützt.

Bereits vor 180 Millionen Jahren lebten Schildkröten auf der Erde, zu einer Zeit, als es weder Vögel noch Säugetiere gab.

Die ältesten Funde versteinerter Schildkröten aus dem Erdmittelalter fand man sogar mitten in Deutschland, am Rande des Harzes. Diese Schildkröten waren über einen halben Meter lang. Im Maul der versteinerten Schildkröten sind kleine, höckerige Zähne vorhanden, die mit dem Gaumen verwachsen sind. Auch auf den Kiefern gibt es kleine, deutlich erkennbare Reste von Zähnen, während heute die Zähne verkümmert sind und die Schildkröte mit Hilfe scharfer Hornschneiden ihre Nahrung zerkleinert.

Der Panzer der Schildkröte hat im Laufe ihrer erdgeschichtlichen Entwicklung ebenfalls die unterschiedlichsten Anpassungen erfahren. Bei der sehr flach gebauten, afrikanischen Spaltenschildkröte z. B. ist der Panzer so elastisch geworden, daß er keine Schutzfunktion mehr hat. So muß sie sich zum Schutz vor Feinden in schmalen Felsspalten verstecken. Wiederum andere Schildkrötenpanzer besitzen Gelenke und Scharniere, dank derer nach dem Einziehen von Kopf und Gliedmaßen das »Gehäuse« völlig verschlossen werden kann wie etwa bei den Dosenschildkröten und Gelenkschildkröten.

Am Rande erwähnt seien noch die Meeresschildkröten, die mit einem flachen Panzer und zu Paddeln umgeformten Armen und Beinen im Meer außerordentlich gut schwimmen und tauchen können. Und ausgerechnet die größte und schwerfälligste unter ihnen, die Lederschildkröte, trägt nur noch die Reste eines Panzers aus früheren Zeiten in Form von sieben knöchernen Längskielen, die das »Lederwams« stützen.

Porträt der Karolina-Dosenschildkröte, hier ein Männchen mit seiner rötlichen Iris.

IM PORTRÄT:

Griechische Landschildkröte.

Breitrandschildkröte.

Griechische Landschildkröte

Testudo hermanni

Größe: Bis 20 cm.

Verbreitung: Griechenland, Balkanländer bis zur Donau. Die Unterart Testudo hermanni boettgeri lebt in Süditalien, Testudo hermanni robertmensi in Mittel- und Norditalien, auf den Balearen, Korsika, Sardinien, in Südfrankreich und Ostspanien.

Natürlicher Lebensraum: Steppiger Boden mit eingestreuten Steinen und locker verteilten Sträuchern. Versteck in Erdhöhlen.

Verhalten: Tagaktiv, klettert und gräbt gern.

Haltung: Terrarium und Freianlage; nötige Lufttemperaturen: 18°C (nachts) bis 26°C (tagsüber). Freilandhaltung von Juni bis August; mit Frühbeet auch Mai und September. An kühlen Tagen Spotstrahler einsetzen (→ Seite 23).

Futter: Blätter, Gräser, Kräuter, im Herbst auch Heu.

Winterruhe: Ja; auch im ersten Lebensjahr!

Es ist nicht so einfach, sich aus der Eischale zu »pellen«.

Breitrandschildkröte

Testudo marginata

Größe: Bis etwa 30 cm.

Verbreitung: Südgriechenland; auf Sardinien künstlich angesiedelt.

Natürlicher Lebensraum: Sonnige Hänge mit dichtem Gras- und Strauchbewuchs, durch den sie sich enge Pfade spurt.

Verhalten: Tagaktiv, klettert und gräbt gern; bei richtiger Pflege lebhaft.

Haltung: Terrarium und Freianlage; nötige Lufttemperaturen: 18°C (nachts) bis 26°C (tagsüber). Freilandhaltung ohne Frühbeet in den Monaten Juni bis August möglich; mit Frühbeet auch im Mai und September. An kühlen Tagen fehlende Sonne durch einen Spotstrahler ersetzen (→ Seite 23). Terrarienhaltung außerhalb der Winterruhe im Herbst und Frühjahr.

Futter: Blätter, Gräser und Kräuter, im Herbst auch Heu (Wasser nicht vergessen).

Winterruhe: Ja, auch im ersten Lebensjahr.

Besonderheiten: Es kann zu Kreuzungen zwischen Griechischer und Breitrandschildkröte kommen. Solche Kreuzungen aus Artenschutzgründen vermeiden! Besser nach einem geeigneten Tauschpartner suchen.

Maurische Landschildkröte.

Vierzehen-Landschildkröte.

Maurische Landschildkröte

Testudo graeca
<u>Größe:</u> Bis 25 cm.
<u>Verbreitung:</u> Südeuropa, Iran, Türkei, Libyen, Marokko in insgesamt 4 Unterarten.
<u>Natürlicher Lebensraum:</u> Freier, steppiger Boden mit eingestreuten Steinen; viel Sonne und lichter Schatten. Versteck in Erdhöhlen.
<u>Verhalten:</u> Tagaktiv, klettert und gräbt gern; bei richtiger Pflege lebhaft.
<u>Haltung:</u> Terrarium und Freianlage; Lufttemperaturen: 18°C (nachts) bis 26°C (tagsüber). Freilandhaltung ohne Frühbeet nur von Juni bis August, mit Frühbeet auch Mai und September. Bei kälteren Tagestemperaturen muß die fehlende Sonne durch einen Spotstrahler ersetzt werden (→ Seite 23). Terrarienhaltung außerhalb der Winterruhe im Herbst und Frühjahr.
<u>Futter:</u> Blätter, Gräser und Kräuter, im Herbst auch Heu (Wasser nicht vergessen).
<u>Winterruhe:</u> Ja, auch im ersten Lebensjahr.
<u>Besonderheiten:</u> Die afrikanischen Tiere brauchen die selben Temperaturen, halten aber meist keine Winterruhe.

Vierzehen-Landschildkröte
Russische Landschildkröte

Testudo horsfieldii (Agrionemys horsfieldii)
<u>Größe:</u> Bis 20 cm.
<u>Verbreitung:</u> Östlich des Kaspischen Meeres, Iran bis Pakistan in Wüsten und Gebirgen.
<u>Natürlicher Lebensraum:</u> Trockener Sand- und Lehmboden mit eingestreuten Steinen und vereinzeltem Gras- und Buschbestand.
<u>Verhalten:</u> Tagaktiv, lebhaft, klettert und gräbt.
<u>Haltung:</u> Terrarium und Freianlage; Lufttemperaturen: 18°C (nachts) bis 26°C (tagsüber). Freilandhaltung ohne Frühbeet von Juni bis August; mit Frühbeet auch im Mai und September möglich. An kühlen Tagen Spotstrahler einsetzen (→ Seite 23). Im Frühjahr und Herbst, außerhalb der Winterruhe, Terrarienhaltung.
<u>Futter:</u> Blätter, Gräser und Kräuter, im Herbst auch Heu (Wasser nicht vergessen).
<u>Winterruhe:</u> Ja, auch im ersten Lebensjahr (→ Seite 33).

Junges, frisches Laub, wie hier vom Wilden Wein, ist ein Leckerbissen für Landschildkröten.

Glattrandgelenkschildkröte.

Stutzgelenkschildkröte.

Glattrandgelenkschildkröte

Kinixys belliana

Größe: Bis 20 cm.

Verbreitung: Mittleres und südliches Afrika, Madagaskar.

Natürlicher Lebensraum: Steppenlandschaft mit sandig-kiesigem Untergrund, trocken, verstreut Gräser und Buschwerk.

Verhalten: Tagaktiv.

Haltung: Terrarium und Freianlage; Lufttemperatur 20°C (nachts) bis 30°C (tagsüber). In der Freianlage nur in den Monaten Juni, Juli und August bei wirklich schönem Wetter.
An kühleren, bewölkten Tagen im Terrarium.

Futter: Gräser, Kräuter, Früchte.

Winterruhe: Keine (Ausnahmen sind möglich und werden durch entsprechendes Verhalten angezeigt (→ Seite 31).

Besonderheiten: Gelenk im letzten Drittel bis Viertel des Rückenpanzers zum Schließen der Hinterpartie.

Stutzgelenkschildkröte

Kinixys homeana

Größe: Bis 20 cm.

Verbreitung: Westafrika.

Natürlicher Lebensraum: Tropischer Regenwald mit laubreichem, humosem Boden.

Verhalten: Tagaktiv.

Haltung: Terrarium mit tropischem Klima; Luftfeuchtigkeit 70 bis 80 %, Lufttemperatur 24°C (nachts) bis 30°C (tagsüber). Achtung! Der Bodengrund darf nicht schimmeln. Die Luft muß stets frisch und würzig riechen. Voraussetzung dafür ist eine gute Belüftung. Eine gut befeuchtete Ecke anbieten, in die sich die Schildkröte bei Bedarf verkriechen kann (Wasserschale nicht vergessen!).

Futter: Gräser, Kräuter, Früchte.

Winterruhe: Keine.

Besonderheiten: Rückenpanzergelenk zum Schließen der Hinterpartie.

Für frisches Hainbuchenlaub sind die meisten Landschildkröten zu begeistern.

Schmuck-Dosenschildkröte.

Karolina-Dosenschildkröte.

Schmuck-Dosenschildkröte
Terrapene ornata
Größe: Bis 15 cm.
Verbreitung: USA, zwischen den westlichen Nebenflüssen des Mississippi, nicht in den Bergen.
Natürlicher Lebensraum: Fruchtbares Grasland, sandige, halbtrockene Böden mit Strauchwuchs, nahe von Gewässern. Verstecke in Erdhöhlen.
Verhalten: Dämmerungsaktiv (mogens und abends). Tagsüber in Höhlen zurückgezogen.
Haltung: Terrarium und Freianlage; nötige Lufttemperaturen 18°C (nachts) bis 28°C (tagsüber). Freilandhaltung von Juni bis August. Terrarienhaltung im Herbst und im Frühjahr.
Futter: Fleischliche Nahrung, auch Schnecken. Kräuter, Pilze.
Winterruhe: Ja, auch im ersten Lebensjahr.
Besonderheiten: Ein quer verlaufendes Gelenk am Bauchpanzer erlaubt ein »Zudeckeln«. Die Geschlechter unterscheiden sich in der Augenfarbe. Die Regenbogenhaut im Auge der Männchen ist rotbraun bis orange gefärbt, während die der Weibchen gelblichweiß bis gelb ist. Nur erfahrenen Schildkrötenpflegern zu empfehlen.

Karolina-Dosenschildkröte
Terrapene carolina (4 Unterarten)
Größe: 10 bis ca. 21 cm (je nach Unterart).
Verbreitung: USA, ausgenommen der Westen.
Natürlicher Lebensraum: Feuchte Waldgebiete und Wiesen.
Verhalten: Dämmerungsaktiv (morgens und abends). Tagsüber in Höhlen zurückgezogen.
Haltung: Terrarium und Freianlage; nötige Lufttemperatur 18°C (nachts) bis 28°C (tagsüber). Freilandhaltung von Juni bis August. Im Herbst und Frühjahr im Terrarium. Die Schildkröte liebt Morgen- und Abendsonne.
Futter: Fleischliche Nahrung, Kräuter, Pilze.
Winterruhe: Ja, auch für Tiere im ersten Lebensjahr (→ Seite 33).

Karolina-Dosenschildkröte beim Klettern.

Indische Sternschildkröte.

Stachelrandgelenkschildkröte.

Die folgenden Schildkröten sind selten im Handel zu finden, werden jedoch aufgrund einzelner erfolgreicher Zuchten hin und wieder angeboten.

Indische Sternschildkröte

Testudo elegans
Größe: Bis 25 cm.
Verbreitung: Mittleres und südliches Vorderindien, Sri Lanka, Pakistan.
Natürlicher Lebensraum: Grasbewachsene, mit lichten Wäldern bestandene Tieflagen (Savannen) der Berg- und Hügelregionen.
Verhalten: Tagaktiv.
Haltung: Terrarium mit subtropischem bis tropischem Klima, Lufttemperatur 22° C (nachts) bis 26° C (tagsüber). Spotstrahler zur Erzeugung von 36° C, begrenzt auf eine Terrarienecke tagsüber für 5 bis 6 Stunden. Von Juni bis August Freilandhaltung möglich. Feuchtigkeitsveränderungen (Übersprühen mit entkalktem Wasser) beeinflussen die Aktivität des Tieres positiv.
Futter: Gräser, Kräuter, Früchte.
Winterruhe: Keine, jedoch ist es möglich, daß diese Schildkröte eine Sommerruhe (4 bis 5 Wochen) einlegt, bei der sie apathisch und appetitlos wird (→ Seite 33).

Stachelrandgelenkschildkröte

Kinixys erosa
Größe: Bis 30 cm.
Verbreitung: Westafrika.
Natürlicher Lebensraum: Tropischer Regenwald mit laubreichem, humosem Boden.
Verhalten: Tagaktiv.
Haltung: Terrarium mit tropischem Klima; Luftfeuchtigkeit 70 bis 80 %, Lufttemperatur 24° C (nachts) bis 30° C (tagsüber). Der Bodengrund darf nicht schimmeln! Die Luft muß stets frisch und würzig riechen! Voraussetzung dafür ist eine gute Belüftung. Eine gut befeuchtete Ecke anbieten, in die sich das Tier bei Bedarf verkriechen kann (Wasserschale nicht vergessen!).
Futter: Gräser, Kräuter, Früchte.
Winterruhe: Keine.
Besonderheiten: Rückenpanzergelenk zum Schließen der Hinterpartie.

Mehlbeeren-laub wird gern genommen.

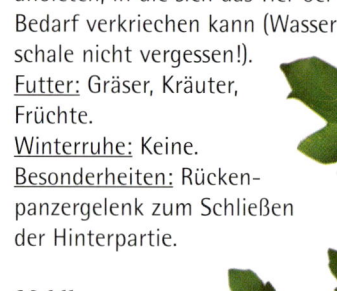

LANDSCHILDKRÖTEN

Köhlerschildkröte.

Waldschildkröte.

Die folgenden Schildkröten werden gelegentlich im Handel angeboten. Sie erreichen jedoch als erwachsene Tiere Größen, die eine Terrarienhaltung, wie in diesem Ratgeber beschrieben, ausschließen.

Köhlerschildkröte

Testudo carbonaria
Größe: Bis 50 cm (!), jedoch erst mit 15 Jahren.
Verbreitung: Tropisches Südamerika.
Natürlicher Lebensraum: Regenwälder mit laubreichem, humosem Boden.
Haltung: Große Gartenanlage mit Gewächshaus mit subtropischem bis tropischem Klima (relative Luftfeuchtigkeit über 70 %). Für Jungtiere Terrarium mit tropischem Klima, Lufttemperatur 24° C (nachts) bis 30° C (tagsüber). Der Bodengrund darf nicht schimmeln! Die Luft muß stets frisch und würzig riechen! Voraussetzung dafür ist eine gute Belüftung und eine gut befeuchtete Ecke, in die sich die Schildkröte bei Bedarf verkriechen kann.
Futter: Gräser, Kräuter, Früchte, auch tierisches Eiweiß.
Winterruhe: Keine.

Waldschildkröte

Geochelone denticulata
Größe: Bis 50 cm (!).
Verbreitung: Südamerika östlich der Anden.
Natürlicher Lebensraum: Regenwälder mit laubreichem, humosem Boden.
Verhalten: Tagaktiv.
Haltung: Große Gartenanlage mit Gewächshaus mit subtropischem bis tropischem Klima (relative Luftfeuchtigkeit über 70 %). Für Jungtiere Terrarium mit tropischem Klima, Lufttemperatur 24° C (nachts) bis 30° C (tagsüber). Achtung! Der Bodengrund darf nicht schimmeln. Die Luft muß stets frisch und würzig riechen. Voraussetzung dafür ist eine gute Belüftung und eine gut befeuchtete Ecke, in die sich die Schildkröte bei Bedarf verkriechen kann.
Futter: Gräser, Kräuter, selten Früchte und tierisches Eiweiß.
Winterruhe: Keine.

Die Köhlerschildkröte ist besonders attraktiv.

Pantherschildkröte.

Spornschildkröte.

Pantherschildkröte

Geochelone pardalis

<u>Größe:</u> Bis 60 cm (!).
<u>Verbreitung:</u> Mittleres bis südliches Afrika.
<u>Natürlicher Lebensraum:</u> Savannen; Grasland mit lichtem Baum- und Buschbestand.
<u>Verhalten:</u> Tagaktiv.
<u>Haltung:</u> Wegen ihrer Größe nur als Jungtier für ein Zimmerterrarium geeignet, jedoch für große Gartenanlagen mit Gewächshaus mit subtropischem bis tropischem Klima, Lufttemperatur 22°C (nachts) bis 26°C (tagsüber). Spotstrahler zur Erzeugung von 36°C, begrenzt auf eine Terrarienecke tagsüber für 5 bis 6 Stunden. Die Schildkröte benötigt ein höhlenartiges Versteck, wohin sie sich jederzeit zurückziehen kann. Juni bis August Freilandhaltung möglich.
<u>Futter:</u> Gräser, Kräuter, Früchte.
<u>Winterruhe:</u> Keine.

Spornschildkröte

Geochelone sulcata

<u>Größe:</u> Bis 75 cm, Gewicht bis 80 kg (größte Landschildkröte nach den Riesenschildkröten!).
<u>Verbreitung:</u> Afrika, südlich der Sahara.
<u>Lebensraum:</u> Savanne, Wüste.
<u>Verhalten:</u> Tagaktiv.
<u>Haltung:</u> Im Terrarium nicht möglich.
Hinweis: Hin und wieder werden Jungtiere der Spornschildkröte aus Nachzuchten angeboten.

»Erdschildkröten«, die Sumpfschildkröten sind

Die folgenden beiden Arten werden zwar als »Erdschildkröten« bezeichnet, sind aber Sumpfschildkröten. Sie bewegen sich überwiegend, zumindest aber häufiger an Land fort, als andere Sumpfschildkröten. Dennoch suchen Erdschildkröten in der Natur die Nähe des Wassers. Für die Pflege bedeutet das, daß Sie das Terrarium entsprechend einrichten müssen. Ein Trockenterrarium mit Steppencharakter ist als Unterbringung nicht geeignet.

Junge Pantherschildkröten sind niedlich, werden jedoch zu groß für eine Haltung im Terrarium.

Spenglers Erdschildkröte.

»Erdschildkröte«, Cyclemys mouhoti.

Spenglers Erdschildkröte

Geoemyda spengleri
Größe: Bis 15 cm.
Verbreitung: Südchina, Vietnam, Indonesien.
Natürlicher Lebensraum: Tropische Bergregenwälder.
Verhalten: Tagaktiv.
Haltung: Aquaterrarium mit 50 bis 75 % Landteil mit Waldboden (Laub, feuchter Rindenhäcksel), da die Schildkröte sich dort gern aufhält. Machen Sie Versuche mit starker Wasserströmung; die Strömung beibehalten, wenn die Schildkröte sie aktiv aufsucht. Geröllboden im Wasser sorgt für den nötigen Halt. Wassertemperatur 24 bis 26° C, Lufttemperatur 24 bis 26° C. Pflege in Freianlage (Gartenteich mit Bachlauf) von Juni bis August möglich.
Futter: Gemischtkost.
Winterruhe: Keine.
Besonderheiten: Diese Schildkröte besitzt von Natur aus einen ausgeprägten Haken am Vorderende der Oberkieferschneide, der nicht entfernt werden darf. Er dient ihr als Kletterhilfe. Ihre Schwimmhäute sind nur schwach ausgebildet (vermutlich in Anpassung an schnellfließende Gewässer).

Cyclemys mouhoti

Pyxidea mouhoti
Größe: Bis 18 cm.
Verbreitung: Vietnam, Laos.
Natürlicher Lebensraum: Tropischer Regenwald; in/an Gewässern.
Haltung: Aquaterrarium; Wassertemperatur 23 bis 25° C. Lufttemperatur 23 bis 25° C. Bodentemperatur 20 bis 22° C.
Verhalten: Tagaktiv; Jungtiere leben bevorzugt im Wasser, ältere Tiere halten sich gern an Land auf, vergraben sich in feuchter Lauberde und schätzen die Beschattung durch Pflanzenwuchs.
Futter: Gemischtkost.
Winterruhe: Keine.
Besonderheiten: Der ausgeprägte »Haken« am Oberkiefer dient als Kletterhilfe. Bei fast erwachsenen Tieren bildet sich im hinteren Drittel des Bauchpanzers ein Quergelenk aus.

Pantherschildkröten sollten Sie besser im Zoo bewundern.

Wo Sie Landschildkröten bekommen

Schildkröten kaufen Sie am besten in einem Zoofachgeschäft oder beim Züchter.

Zoofachgeschäft: Die in guten Zoofachgeschäften angebotenen Schildkröten können Sie bedenkenlos erwerben. Handelt es sich um die Nachzucht eines artgeschützten Tieres, erhalten Sie beim Kauf in der Regel unaufgefordert die entsprechenden CITES-Papiere, sozusagen den »Personalausweis« des Tieres, ausgehändigt. Grundsätzlich sollten Sie sich vor dem Kauf den wissenschaftlichen Namen der Schildkröte geben lassen und sich über ihre genauen Pflegebedürfnisse im Fachgeschäft, bei Schildkrötenexperten oder in diesem Ratgeber informieren. Es ist schon häufiger passiert, daß eine ungeschützte Schildkrötenart zwar im Handel zu haben ist, aber auf Dauer nicht in Menschenobhut gepflegt werden kann. Andere Schildkrötenarten werden geradezu riesig (→ Seite 15), und manche, die eventuell paarweise angeboten werden, sind nur für die Einzelhaltung geeignet (Weich- und Schnappschildkröten).

Züchter: Dank erfolgreicher Nachzuchten ist es heute kein Problem mehr, eine geschützte Schildkrötenart mit CITES-Bescheinigung direkt beim Züchter zu erwerben. Züchteradressen finden Sie in Terrarien- und Aquarienzeitschriften sowie im »Rundbrief« der DGHT (→ Seite 62). Holen Sie die Schildkröte persönlich vom Züchter ab und machen Sie sich dabei ein Bild von der Zuchtanlage und den Überwinterungsbedingungen. Lassen Sie sich die Elterntiere zeigen. In einem seriösen Züchter haben Sie auch später stets einen kompetenten Ratgeber für Notfälle.

Hinweis: Selbst wenn Ihre »Wunschschildkröte« nicht gleich zu haben ist, können Sie sie eventuell beim Züchter vorbestellen.

Männchen oder Weibchen?

Bei Einzelhaltung spielt es keine Rolle, welches Geschlecht die Schildkröte hat. Im Verhalten unterscheiden sich Männchen und Weibchen nicht voneinander. Um eine passende Partnerin oder einen Partner für die Zucht zu finden, wählen Sie am besten unter halbwüchsigen bis ausgewachsenen Tieren. Bei ihnen ist das Geschlecht besser zu erkennen.

Die Männchen vieler Arten haben einen stärker nach innen gewölbten Bauchpanzer als die Weibchen. Männliche Tiere besitzen in der Regel auch einen etwas längeren und an der Basis schmaleren Schwanz mit mehr zum Schwanzende hin verlagerter Kloake (→ Fotos, Seite 20). Lassen Sie sich im Zweifelsfall von einem Fachmann beraten. Bei manchen erwachsenen Schildkröten läßt sich das Geschlecht auch anhand der Augenfarbe bestimmen (→ Seite 13).

Alter der Schildkröte

Das Alter einer Schildkröte ist nur dann leicht zu schätzen, wenn sie noch jung ist. Kennen Sie die Endgröße der Schildkröte, ist das Tier mit etwa einem Drittel dieser Endgröße ca.

Das Alter einer Schildkröte läßt sich nicht an den »Jahresringen« der Rückenpanzerplatten ablesen.

Strahlenschildkröten. Bei Schildkrötenkontakten ist der Geruchssinn äußerst wichtig.

drei Jahre alt. Nach weiteren drei Jahren hat sie etwa zwei Drittel erreicht. Dies ist jedoch nur eine grobe Angabe, da die Wachstumsgeschwindigkeit stark von den Lebensbedingungen abhängt. Außerdem nimmt das Wachstumstempo mit zunehmendem Alter ab.

Der richtige Zeitpunkt für den Kauf

Am besten kaufen Sie Schildkröten, die eine Winterruhe halten, ganz gleich ob alt oder jung, in den Sommermonaten, jedoch nicht früher als im Mai und nicht später als im September. Im Herbst läßt sich meist nicht eindeutig beurteilen, ob eine apathisch wirkende Schildkröte nur reif für die Winterruhe oder ob sie gesundheitlich angeschlagen ist. Sollten Sie das Pech haben, eine kranke Schildkröte erworben zu haben, und diese dann einwintern, wird das Tier

das kommende Frühjahr kaum lebend erreichen. Aus diesem Grund ist es auch nicht zu empfehlen, eine gerade aus dem Winterschlaf erwachte Schildkröte zu erwerben. Wenn sie nämlich mit einem leichten Gesundheitsschaden eingewintert wurde, kann dieser nach dem Erwachen erst richtig zur Auswirkung kommen. Schildkröten, die keine Winterruhe einlegen, weil sie aus tropischen Gebieten kommen, können Sie dagegen zu jeder Jahreszeit kaufen. Achten Sie bei diesen Arten aber stets darauf, daß die sehr zugempfindlichen tropischen Schildkröten im Winter warm und sicher transportiert werden (→ Transport, PRAXIS-Seite 28).

Panzertest. Der Panzer einer gesunden Landschildkröte ist fest, aber auch elastisch. Bitte vorsichtig drücken!

Schildkrötenmännchen (oben) haben einen deutlich längeren Schwanz als die Weibchen (unten).

Die richtige Unterbringung

Wenn es einer Schildkröte – vor allem einem Jungtier – an Licht, Sonne und Vitaminen fehlt, kann sie ebenso wie der Mensch an Rachitis, einer gefürchteten Knochenkrankheit, erkranken. Ihr Panzer wird dann weich und läßt sich durch Druck verformen. Um dem vorzubeugen, ist ein Terrarium mit hohem technischem Aufwand für die Schildkrötenhaltung in der Wohnung nötig. Größe und Gestaltung des Terrariums sind entscheidend dafür, ob sich Ihre Landschildkröte wohl fühlt oder nicht. Sie möchte nämlich keine »Wüste«, sondern einen »Abenteuerspiel-

platz« zum Herumstöbern und Klettern vorfinden. Berücksichtigen Sie bei der Planung, ob Ihre Schildkröte ein Freilandterrarium zur Verfügung hat oder nicht. Ist dies nicht der Fall, sollten Sie das Zimmerterrarium grundsätzlich so großzügig wie möglich planen. Die Mindest(!)-Größe des Terrariums errechnen Sie folgendermaßen: Multiplizieren Sie die Panzerlänge (in cm) der erwachsenen Schildkröte mit 5, und Sie erhalten die erforderliche Terrarienlänge und -breite in cm (= Grundfläche des Terrariums). Diese Göße gilt für eine einzeln gehaltene Schildkröte. Für jede weitere Landschildkröte erweitern Sie bitte die Grundfläche jeweils um ein Drittel.

Besorgen Sie sich das Terrarium im Zoofachhandel. Gebrauchte Terrarien finden Sie im Anzeigenteil von Zeitungen. Auch ein gebrauchtes Aquarium, das möglicherweise nur wegen zerkratzter Scheiben oder einer gerissenen Dichtung billigst abgegeben wird, erfüllt seinen Zweck.

Der richtige Standort

Ideal steht das Terrarium unter einem Glasdach, z. B. im Wintergarten. Hier kann das natürliche Tageslicht von oben einfallen und das Tier am jahreszeitlichen Rhythmus mit seinen unterschiedlichen Tageslängen teilnehmen. Dies hat bei vielen Schildkrötenarten einen wesentlichen Einfluß auf die Einstimmung zur Winterruhe bzw. die Fortpflanzungsaktivitäten.

Ähnlich gut wirkt sich auch ein großes Fenster aus, in dessen Nähe das Terrarium steht. Achten Sie jedoch darauf, daß die Schildkröte keine Zugluft abbekommt, wenn das Fenster geöffnet ist. Besonders tropische Arten sind gegen Zugluft und Kälte sehr empfindlich.

Steht das Terrarium in einem Raum ohne Fenster, müssen Sie für entsprechendes Licht und Wärme sorgen (→ Seite 23).

Ungeeignet ist ein Standort direkt auf dem Fußboden oder auf der Fensterbank. Kälte und Zugluft können hier ebenfalls die Schildkröte krank machen. Besser ist es, das Terrarium auf eine Unterlage z. B. aus Styropor zu stellen. Achten Sie auch darauf, daß sich keine Schwingungen, z. B. vom Kühlschrank oder durch die eingeschaltete Stereoanlage, auf das Terrarium übertragen.

Die richtige Beleuchtung

Vor allem, wenn das Terrarium an einem dunklen Standort wie z. B. im Keller oder in einem Raum mit kleinen Fenstern steht, ist es für das Wohlbefinden der Schildkröte und für das Ge-

T I P

Schildkröten und Artenschutz

Das Washingtoner Artenschutzübereinkommen (WA) regelt den Schutz unserer weltweit bedrohten Tier- und Pflanzenarten. Entsprechend dem Grad ihrer Schutzbedürftigkeit wurden auch verschiedene Schildkröten in die Schutzkategorien I und II aufgenommen. Tiere, die vom Aussterben bedroht sind, findet man in Anhang I des WA. Der An- oder Verkauf dieser Tiere ist ohne eine Ausnahmegenehmigung verboten. Andere Schildkröten sind im Anhang II des WA aufgelistet. Die Erhaltungssituation läßt für nicht geschützte oder Anhang II-Arten eine geordnete, kontrollierte Entnahme aus der Natur zu. Die beliebten Landschildkröten, wie z. B. die Griechische und Maurische Landschildkröte, werden zwar im WA nicht als vom Aussterben bedroht eingestuft, doch gelten in der Europäischen Union wieder andere Gesetze. Hier genießen diese Schildkröten die höchste Schutzkategorie. Allerdings dürfen nachgezüchtete Tiere verkauft werden. Die im Zoofachhandel angebotenen Schildkröten erfüllen die gesetzlichen Artenschutzvoraussetzungen und können daher legal mit den entsprechenden Dokumenten erworben werden (→ Seite 18).

Ist die Landschildkröte gesund?

Der Gesundheitszustand der Schildkröte läßt sich am besten in den Sommermonaten beurteilen. Gehen Sie dabei nach folgender Tabelle vor.

Testen	Merkmale
Panzer gesund:	<u>Jungtiere bis 1/3 Endgröße:</u> Panzer fest elastisch wie Daumennagel. <u>Alttiere:</u> Panzer hart und fest. Alle Hornplatten fest und unversehrt (auch am Bauch).
Panzer krank:	<u>Jung- und Alttiere:</u> Panzer gibt auf Druck nach wie Hefebrötchen (nur weich, nicht elastisch). <u>Alttiere:</u> Panzer fest, aber dann verformt. Einzelschilder stark bucklig und/oder Gesamtform seitlich betrachtet stark bucklig. <u>Bauchpanzer:</u> Löcher im Hornschild, rosige, wässerige Bläschen unter oder im Hornpanzer, abgelöste, fehlende Hornschilder, Knochen (weißlich-gelblich) liegt blank.
Haut gesund:	Außerhalb der starken Beschuppung an Hals und Beinen ledrig weich und elastisch.
Haut krank:	Borkig und starr. Mit Zecken und Milben befallen.
Augen gesund:	Klar, blank, weit geöffnet.
Augen krank:	Hornhaut milchig trüb, Lider geschlossen, geschwollen.
Nase gesund:	Trocken, keine Bläschen und kein Geräusch beim Atmen.
Atemwege krank:	Bläschen an Nase und Mund, Aufreißen des Mundes bei vorgerecktem Kopf, rasselnder Atem.
Krallen gesund:	Sitzen fest im Fuß bei gesundem Nagelbett; alle Krallen vorhanden.
Krallen krank:	Locker im Fuß, zum Teil fehlend; Nagelbett entzündet (rötlich bis weißlich) und/oder geschwollen.
Fortbewegung:	Es werden alle 4 Beine zur Fortbewegung benutzt; kein Nachziehen der Hinterbeine (Nervenschädigung!).
Vitalität:	Das Tier zeigt beim Aufnehmen entweder heftige Abwehrbewegungen oder kräftige Rückzugsreaktion in den Panzer.

deihen von Pflanzen wichtig, für eine »künstliche Sonne« zu sorgen. Sie brauchen dazu: eine Tageslicht-Neonröhre oder eine Pflanzenleuchte (»HQL-Leuchte«) zur allgemeinen Beleuchtung tagsüber. Verbinden Sie die Neonröhre bzw. HQL-Leuchte mit einer elektrischen Zeitschaltuhr, kann die Schildkröte der Jahreszeit entsprechende Tageslängen erleben. Dazu installieren Sie einen Spotstrahler (60 bis 100 Watt) mit engem »Streuwinkel« als Wärmequelle. Zur Aufzucht von Jungtieren und falls Sie keine Möglichkeit haben, der Schildkröte einen Freilandaufenthalt zu ermöglichen, benötigen Sie eine UV-Lampe (»Ultra Vita-Lux« von Osram oder Philips). Das ultraviolette Licht, das sie erzeugt, sorgt für ein gesundes Knochenwachstum der Schildkröte. Die UV-Lampe wird in einem Abstand von etwa einem Meter über dem Terrarium angebracht und sollte täglich für 15 bis 30 Minuten eingeschaltet werden (→ Zeichnung, Seite 24).

Dekoration

Informieren Sie sich, in welchem Biotop Ihre Schildkröte lebt. Danach richtet sich auch die Dekoration des Terrariums. Wichtig ist es, daß Sie das Terrarium nicht ständig umdekorieren, denn die Schildkröte braucht einen vertrauten Lebensraum. Wurzeln und Steine so anordnen, daß das Tier die Möglichkeit hat, um Hindernisse herumzugehen oder darüber hinwegzuklettern. Ecken und Winkel sollten zur

Suche nach Nahrung, zum Ausruhen und Verstecken einladen.

Eine Bepflanzung ist nicht unbedingt nötig, sieht aber hübsch aus. Wählen Sie robuste Pflanzen wie z.B. Aechmea-Arten, Aloe, Guzmanie, Schefflera oder Sansevieria. Am besten setzen Sie die Pflanzen in einen Tontopf und decken die Erde mit Steinen oder Wurzeln ab, um die Schildkröte am Benagen zu hindern. Sehr schön sieht es auch aus, wenn Kletter- und Rankpflanzen wie etwa die Würgefeige die Außenwände des Terrariums begrünen.

Hinweis: Verwenden Sie keine Giftpflanzen zur Dekoration und keine Schädlingsbekämpfungsmittel im Terrarium.

Die Einrichtung des Terrariums

Ein gut eingerichtetes Terrarium muß Landschildkröten folgendes bieten:

✔ Ein Badebecken mit 22 bis 24°C warmem Wasser,

✔ ein Versteck für die Nacht,

✔ eine warme Sand-/Steinfläche (tagsüber 24 bis 26°C warm),

✔ eine Sandfläche (18 bis 22°C warm),

✔ eine Ecke mit feuchtem unbeheiztem Sand.

Hindernisse werden überklettert. Doch auch ein plötzlicher »Absturz«, wie dieser, schadet nicht.

Ein ideales Zimmerterrarium mit Badezone,
Versteckmöglichkeit und Zone zum Aufwärmen.

<u>Wärmespeicher:</u> Um die notwendigen Flächen im Terrarium zu erwärmen, gibt es zwei Möglichkeiten. »Wärmesteine« aus dem Zoofachhandel sind die bequemste Methode. Sie werden lediglich an die Steckdose angeschlossen. Achten Sie darauf, daß das Kabel in der Ecke des Terrariums nach außen geführt wird. Läßt sich ein Verlauf durch den Sandboden nicht vermeiden, decken Sie das Kabel mit einer Steinplatte ab. Die Schildkröten dürfen es nicht ausgraben und zerreißen/zerbeißen können. Eine andere Möglichkeit ist folgende Konstruktion, die in der beschriebenen Reihenfolge von unten nach oben ausgeführt wird (→ Zeichnung, Seite 25 oben):

✔ Eine Platte aus Preßkork, 1 bis 2 cm dick, über die Hälfte bis ein Drittel der Grundfläche hinweg auf den Terrarienboden legen.
✔ Drei Lagen Aluminiumfolie in gleicher Größe mit der reflektierenden Seite nach oben.
✔ Eine elektrische Heizmatte mit Thermostat (im Zoofachhandel erhältlich) von etwa gleicher Größe. Die Heizmatte muß später auch das Wasserbecken von unten beheizen.
✔ Eine Fußbodenfliese aus gebranntem Ton (Terrakotta) oder eine Beton-Gehwegplatte.

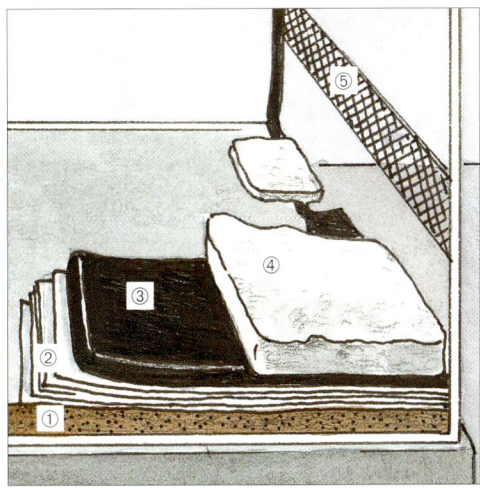

*Für wärmenden Bodengrund sorgen eine
Schicht Kork (1), drei Lagen Alufolie (2),
Heizmatte (3), Fußbodenfliese aus Ton (4),
Luftgitter (5).*

*Das Badebecken wird aus hygienischen
Gründen in Fliesen aus Ton eingebettet,
die Umgebung mit einem Sand-Rinden-
Gemisch aufgefüllt.*

✔ Neben die Platte, aber auf die Heizmatte
setzen Sie ein Badebecken aus gebranntem Ton,
Porzellan oder Metall (kein Kunststoff wegen
der Gefahr des Schmelzens im Falle eines technischen Defektes). Am besten eignet sich dazu
eine rechteckige Blumenschale aus Ton, in die
auch noch die erwachsene Schildkröte bequem
hineinpaßt. Der Rand muß aber auch von einer
kleinen Schildkröte gut zu überwinden sein.
Achtung: Junge Landschildkröten können im
Badebecken ertrinken. Der Wasserstand sollte
nicht höher als der Panzer sein! Fällt eine
Schildkröte auf den Rücken, sollte sie auch im
Badebecken schwere Steine, die nicht nachge-
ben, oder entsprechende Äste vorfinden, an
denen sie sich einhaken und wieder aufrichten
kann.
✔ Füllen Sie das übrige Terrarium jetzt mit einem Gemisch aus gewaschenem Flußsand fei-
ner Körnung und gehäckselter Baumrinde auf
(Mischungsverhältnis 1:1).
Hinweis: Fressen die Tiere den Sand gezielt, ersetzen Sie ihn durch festen Löß, lockeren Lehm
oder humosen Waldboden. Es besteht sonst die
Gefahr der Darmverstopfung (→ Seite 49).
✔ Setzen Sie nun Wurzeln und Steine so, daß
viel Abwechslung geboten wird und auch ein
Versteck für die Nacht entsteht.

Das Freigehege im Garten

In einer Freianlage mit Frühbeet und einer zu-
sätzlichen Wärmequelle können Sie Ihre Schildkröte von Mai bis September pflegen.
Mindestgröße: Breite ab 1,20 m, Länge ab 3 m.
Umfriedung: Zementplatten, Rasenkantenstei-
ne, glatte Holzbohlen oder Wellkunststoff (Gartenfachhandel) im Boden vergraben. Achten Sie
darauf, daß die Schildkröte mit den Vorderfüßen
die Oberkante der Umfriedung nicht erreicht,
sonst klettert sie heraus. Tiere, die kleiner sind
als 10 cm, benötigen eine Abdeckung aus Draht

oder ein Vogelschutznetz, damit sie nicht Krähen, Elstern oder Mardern zum Opfer fallen.

<u>Gehegeboden:</u> Etwa 30 cm tief ausschachten; der Boden muß ein Gefälle von etwa 5 cm pro Meter aufweisen. Dazwischen sollten sich Hügel erheben, die die Schildkröte vor Hochwasser schützen oder zum Sonnen genutzt werden können.

<u>Bepflanzung:</u> Auf dem Gehegeboden Gras und Kräuter einsäen (Löwenzahn, Vogelmiere) und niedriges Buschwerk pflanzen (Buchsbaum). Steine und Wurzeln dienen zur Dekoration, sollten jedoch keine »Ausstiegshilfen« sein.

<u>Frühbeet:</u> Am hohen Ende der Anlage, von der Sonne gut beschienen, errichten Sie ein Frühbeet mit Plexiglasscheiben. Es speichert durch den »Treibhauseffekt« auch bei längeren Schlechtwetterperioden genügend Wärme. Einlaß gewährt eine torförmige Öffnung, die Sie mit einer Laubsäge aus dem Plexiglas leicht selbst heraussägen können. Dieses sollte so angebracht werden, daß die Schildkröten von selbst hineinlaufen, wenn sie sich am Rand der Anlage fortbewegen.

Die Freianlage sollte nach Süden bzw. Südwesten ausgerichtet sein. Im Frühbeet (1) kann sich die Schildkröte an kühlen Tagen wärmen.

Für zu kalte Tage, an denen die Temperatur im Häuschen 26° C nicht erreicht, installieren Sie eine Rotlichtlampe, ersatzweise auch eine 60 bis 80 Watt Glühlampe, die von der Decke des Frühbeets hängen kann (Achtung, Gefahr des Überhitzens. Temperatur messen!). Den Fußboden des Hauses fertigen Sie aus Zementplatten. Diese geben einen guten Wärmespeicher ab.

Hinweis: Frühbeete sind montagefertig im Gartenfachhandel erhältlich. Die Plexiglasscheiben müssen Sie sich beim Glaser zurechtschneiden lassen. Man kann sie einfach in die Profile des Frühbeetes einstecken.

<u>Futterplatz:</u> Trotz Gras- und Kräuternahrung muß die Schildkröte zusätzlich gefüttert werden. Eine Steinplatte vor dem Frühbeet (im Schatten gelegen) dient als »Frühstücksbrett« und erleichtert die Reinigung des Geheges von Futterresten.

<u>Badegelegenheit:</u> Am tiefen Ende des Geheges installieren Sie ein flaches Badebecken mit Überlauf, damit Regenwasser aus dem Gehege ablaufen und die Schildkröte bei einem Wolkenbruch nicht ertrinken kann. Gut geeignet sind die handelsüblichen Vogeltränken (aus Zement oder Kunststoff), die es im Fachhandel zu kaufen gibt.

»Sommerfrische« auf Balkon und Terrasse

Wer keinen Garten besitzt, kann seiner Schildkröte auf Balkon oder Terrasse eine »Sommerfrische« schaffen.

Voraussetzungen sind:

✔ Balkon/Terrasse mit Ausrichtung nach Süden bzw. Südwesten.

✔ Die Anlage muß so groß sein, daß das Tier sich vor zuviel Sonne in den Schatten flüchten kann.

✔ Die Anlage muß vor Wind und Zugluft geschützt sein.

So wird's gemacht:

✔ Fertigen Sie eine Kiste aus Kanthölzern und Fichtenholzbrettern mit den Maßen 1,60 m bis 2 m Länge, etwa 60 cm Breite, Höhe bis Unterkante Fensterbank oder Balkongeländer. Damit die Kiste nicht durchfault, wird sie innen mit einer Teichfolie glatt ausgeschlagen und an den Kanten wasserdicht verklebt.

✔ Als Deckel dienen zwei Plexiglasscheiben von je einem Meter Breite. Lassen Sie die Plexiglasplatte an der Vorderkante etwas überstehen (»Tropfkante«). Die Kiste sollte vorn 10 bis 15 cm niedriger sein als hinten, so daß die heruntergeklappten Glasscheiben schräg aufliegen. So wird mehr Sonne eingefangen und der Regen kann besser ablaufen.

Mit dem »Glasdeckel« schließen Sie Ihr Schildkrötenparadies bei kaltem Wetter, bei gemischten Temperaturen nur einen Teil.

✔ Denken Sie auch an eine Sturmsicherung für die Plexiglasscheiben. Dazu eine 5 mm starke Gummilitze durch ein Loch in der Plexiglas-

Die Freianlage auf Balkon oder Terrasse muß vor Zugluft geschützt sein.

scheibe ziehen und an der Front der Kiste festmachen.

✔ Als Futterplatz dient eine Steinplatte in einer schattigen Ecke der Anlage.

✔ Als Badewanne eignet sich eine Vogeltränke von passender Größe (aus dem Zoofachhandel).

✔ Füllen Sie jetzt die Anlage 10 cm hoch mit Blähton (Gartenfachhandel) auf. Darauf kommt eine Schicht Gartenerde oder Waldboden. Der Rand zwischen Erde und Kistenoberkante muß so hoch sein, daß die Schildkröte nicht herausklettern kann. Bepflanzen und dekorieren Sie nach eigenem Geschmack. Buchsbäumchen haben sich für die Dekoration gut bewährt.

Der Transport

Obwohl ich Ihnen empfehle, Ihre Schildkröte im Sommer zu kaufen, kann es einmal nötig werden, sie im Winter zu transportieren, etwa bei einem Umzug. Der Transport bedarf bei jeder Schildkröte einer besonderen Sorgfalt, um sie vor Schaden zu bewahren: Füllen Sie eine Wärmflasche mit etwa 30° C warmem Wasser und legen Sie diese in einen Karton. Der Karton wird in eine gut verschließbare Tasche gestellt, die zuvor mit einer Decke ausgepolstert wurde. Die Schildkröte wird in einen Sack aus Baumwolle oder Nessel gepackt (Rücken nach oben!) und auf die Wärmflasche gesetzt. Dann den Karton schließen. Der Luftvorat im Karton genügt völlig, um das Tier eine gute Stunde durch eisige Kälte zu transportieren. Sollten Sie sich zwischendurch in einem klimatisierten Raum, im Auto oder der Bahn aufhalten, könnten Sie den Karton kurz öffnen und dem Tier frische Luft zufächeln. Das Wichtigste ist, daß die Schildkröte keine eisige Zugluft abbekommt, was zu ernsthaften Erkrankungen führen kann, selbst wenn es nur für einige Atemzüge ist!

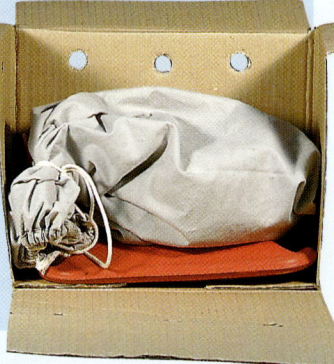

In der kalten Jahreszeit die Schildkröte zum Transport in einen Baumwollsack packen, auf eine Wärmflasche legen und in einem Karton tragen.

Kotproben nehmen

Einer neuerworbenen Schildkröte sehen Sie auf den ersten Blick nicht an, ob sie beispielsweise von Würmern infiziert ist oder an einer Infektion durch Amöben, Bakterien oder Viren leidet. Hier hilft nur genaues Beobachten ihres Verhaltens (→ Tabelle, Seite 22) und die Untersuchung ihres Kots. Kotproben werden vom nächstgelegenen Veterinäruntersuchungsamt oder dem Tierarzt untersucht. Besorgen Sie sich für die Proben drei spezielle Behälter, deren Deckel jeweils mit Löffelchen ausgestattet sind. Zur Not tun es auch leere Filmdöschen. Die Kotproben werden an drei aufeinanderfolgenden Tagen genommen. Ein Tropfen Wasser pro Behälter verhindert, daß die Kotproben austrocknen, sonst sind sie für eine Untersuchung wertlos. Die älteste

Kotproben-Röhrchen erhalten Sie beim Tierarzt.

Probe darf nicht älter als fünf Tage sein, wenn sie beim Tierarzt ankommt. Bewahren Sie die Kotproben bis dahin im Kühlschrank auf, damit sie nicht verschimmeln. Verschimmelter Kot ist für eine Untersuchung unbrauchbar. Das Tier bleibt bis zur »amtlichen« Gesunderklärung in Quarantäne!

Das Quarantäneterrarium

Ein Quarantäneterrarium ist nicht nur wichtig für den Krankheitsfall, sondern auch zur Unterbringung von unverträglichen Partnern und unter Umständen auch zur Überwinterung (→ Seite 33).
Ein einfaches Aquarium aus Glas mit den Maßen 60 x 50 x 50 cm ist als Quarantäneterrarium geeignet.
Die Einrichtung besteht aus Futter- und Wassernapf und zwei Ziegelsteinen mit Brett als Versteck. Als Sichtschutz wird die Rückwand des Aquariums mit schwarzer Folie beklebt und ein Brett aufgelegt. Selbstverständlich müssen die technischen Voraussetzungen ebenso erfüllt werden wie für das Zimmerterrarium beschrie-

Das Quarantäneterrarium wird aus hygienischen Gründen spartanisch ausgestattet.

ben (→ ab Seite 24). Die Wärmequelle ist dabei besonders wichtig.

Hinweis: Eine schwarze Kunststoff-Mörtelwanne aus dem Baumarkt (Fassungsvermögen 50 bis 250 l) erfüllt den gleichen Zweck. Der Boden wird mit Zeitungspapier ausgelegt, als Versteck dient ein Firstziegel (für kleine Schildkröten) oder ein Brett, das man auf zwei Ziegelsteine legt.

Zuerst wird gebadet

Gönnen Sie Ihrer Schildkröte ein ausgiebiges Bad, bevor Sie sie in Quarantäne schicken. Untersuchen Sie das Tier dabei nochmals auf Schäden (→ Tabelle, Seite 22). Setzen Sie die Schildkröte in eine ausreichend große Schüssel, die nur so weit mit 26°C warmem Wasser gefüllt ist, daß der Kopf der Schildkröte über den Wasserspiegel herausragt. Während des Badens kann das Tier trinken, und mit der Zeit lösen sich auch Schmutzreste vom Körper.

10 bis 20 Minuten »Badezeit« sind in der Regel ausreichend. Trocknen Sie danach die Schildkröte ab, da dem gestreßten Tier Körperwärme durch die Verdunstung des Wassers entzogen werden könnte. Dann das Tier ins Quarantäneterrarium setzen, wo es wahrscheinlich sofort sein Versteck aufsuchen wird.

Furchtlos im Römertopf. Es geht nur um ein erfrischendes Bad für das Tier.

DER RICHTIGE UMGANG IM ALLTAG

Die Schildkröte ist eine stille Mitbewohnerin. Nur an ihrem Äußeren und an ihrem Verhalten läßt sich feststellen, ob sie gesund ist. Dafür, daß es ihr gut- geht, sorgt vor allem die richtige Unterbringung. Aber auch gesunde Ernährung und der richtige Umgang mit ihr sind wichtige Voraussetzungen.

Warum Schildkröten eine Winterruhe brauchen

Wie bereits erwähnt, legen Schildkröten, die in gemäßigten Klimazonen wie etwa Europa oder den nördlichen USA zu Hause sind, eine Winterruhe ein. Kühle Temperaturen und knappe Nahrung machen es den wechselwarmen Tieren unmöglich, in einem aktiven Zustand zu überleben. Durch ein »Sparprogramm« während der Winterruhe, in welchem Stoffwechsel, Atmung, Herzschlag und Bewegung reduziert sind, kommt die Schildkröte gut mit ihren Energievorräten über den Winter. Bei erwachsenen Schildkröten beeinflußt die Winterruhe außerdem das Fortpflanzungsverhalten positiv. Gönnen Sie deshalb Ihrer Schildkröte auch als Heimtier ihre gewohnte Winterruhe.

Eine Sommerruhe legt z. B. die Russische Landschildkröte in der Natur ein. Sie ist vergleichbar mit der Winterruhe der anderen Arten. In ihrer Heimat dient diese Sommerruhe zur Überbrückung heißer und trockener Jahreszeiten, in denen Futter und Wasser knapp sind.

Die Schildkröte hat Futter gerochen. Das Überklettern von Hindernissen hält sie dabei fit.

Auch in unseren Breiten kann diese Schildkröte eine Sommerruhe einlegen, besonders dann, wenn sie während eines sehr heißen Sommers im Freiland gehalten wird.

Die Überwinterungsdauer richtet sich nach dem Herkunftsland der Schildkröten. In vielen Tageszeitungen finden Sie die Tages–Durchschnittstemperaturen europäischer Länder angegeben. Für exotische Schildkröten aus Amerika oder Südostasien bedienen Sie sich am besten einer internationalen Zeitung. Liegen die Temperaturen im Herkunftsland der Schildkröte dauerhaft unter 17 bis 18°C, ist Zeit für die Winterruhe. Liegen sie dauerhaft höher, ist die Winterruhe vorüber. In der Regel dauert eine normale Winterruhe Ihrer Schildkröte 4 bis 6 Monate.

Die Überwinterungsbereitschaft erkennen

Wenn im Oktober Tageslänge und Lichtstärke abnehmen, wird die Schildkröte teilnahmslos und hat keinen Appetit. Sie verläßt immer seltener ihr Versteck und bleibt oft mit dem Kopf voran in der dunkelsten Ecke vergraben. Jetzt dürfen Sie sie nicht mehr füttern. Auch wenn noch einmal warme Tage kommen, benötigt das Tier vor der Winterruhe Zeit, um das zuletzt

Die 7 Goldenen Regeln
zur artgerechten Haltung

1 Die Schildkröte niemals in der Wohnung auf dem Fußboden laufen lassen. Bodenkälte und Zugluft sind die häufigsten Ursachen für lebensgefährliche Erkrankungen bei Schildkröten.

2 Die Schildkröte nicht mit Weißbrot und Milch füttern, obwohl dies die Tiere gerne als Futter annehmen. Solch eine einseitige Ernährung führt zu Mangelkrankheiten und das Tier wird zu dick.

3 Die Schildkröte niemals der Zugluft des geöffneten Fensters aussetzen, selbst wenn es draußen warm ist. Augenentzündungen und Lungenentzündung können die oft tödlichen Folgen sein.

4 Die Schildkröte nicht in einem Pappkarton »pflegen«. Dies ist keine artgerechte Unterbringung für das Tier. Die Schildkröte hat lebenswichtige Bedürfnisse wie z. B. bestimmte Umgebungstemperaturen, Bedarf an Sonnen- oder UV-Licht, um sich erwärmen zu können, abwechslungsreiche Gestaltung ihres Lebensraumes und eine Bademöglichkeit.

5 Verzichten Sie keinesfalls auf eine Bodenheizung im Terrarium. Schildkröten sind wechselwarme Tiere, deren Körpertemperatur sich den Umgebungstemperaturen anpaßt. Ist die Temperatur zu niedrig, wird die Schildkröte krank.

6 Schicken Sie Ihre Schildkröte nicht in die Winterruhe, ohne vier Wochen vorher nochmals ihren Kot auf Wurmbefall hin untersuchen zu lassen und ihren Gesundheitszustand genau zu prüfen. Geschwächte Tiere könnten die Winterruhe nicht überleben.

7 Überlassen Sie es nicht Ihrer Schildkröte, sich im Garten oder Schuppen selbst zur Überwinterung einzugraben. Ratten könnten das wehrlose Tier annagen. Außerdem schadet unser oft langer Winter ihrer Gesundheit.

aufgenommene Futter zu verdauen und den Darm zu entleeren.

<u>Die Sommerruhe</u> der Russischen Landschildkröte und der Sternschildkröte geht ebenfalls mit der Einstellung der üblichen Aktivitäten und der Futteraufnahme einher. Sollten Sie das bei Ihrer Schildkröte feststellen, dann prüfen Sie besonders sorgfältig, gegebenenfalls mit einem Tierarzt, ob die Schildkröte eventuell krank ist. Sollte sich nichts feststellen lassen, wird sie vermutlich die Sommerruhe einlegen wollen.

Hinweis: Schon vom ersten Lebensjahr an sollten Sie Ihre Schildkröte einwintern. Wichtig ist allerdings eine regelmäßige Gewichtskontrolle, alle 5 bis 6 Wochen (das Tier wird davon nicht wach!). Sollte das Gewicht einer jungen Schildkröte insgesamt mehr als 15 % abnehmen, ist dies bedenklich und das Tier muß vorzeitig aufgeweckt werden (→ Seite 34).

Die beste Überwinterungstechnik

✔ Vor der Einwinterung, am besten im August, ist eine Gesundheitskontrolle beim Tierarzt zu empfehlen. Damit bleibt noch genügend Zeit bis zur Winterruhe, falls eine längere Behandlung notwendig wird.

✔ Zur Einwinterung wird das Tier an 2 bis 3 aufeinanderfolgenden Tagen 10 bis 20 Minuten in 24 bis 26°C warmem Wasser gebadet (→ Seite 29), bis der Darm vollständig entleert ist.

✔ Danach schalten Sie die Heizung und Beleuchtung des Terrariums aus und regeln die Zimmertemperatur für 2 bis 3 Tage auf möglichst unter 18°C.

✔ Bleibt die Schildkröte dabei eher teilnahmslos, wird sie in ihre Überwinterungskiste gesetzt (→ Seite 37).

Vor, während und nach der Winterruhe sollten Sie Ihre Schildkröte regelmäßig wiegen.

✔ Vergessen Sie nicht, Ihre Schildkröte vor der Winterruhe zu wiegen (kleine Tiere auf der Briefwaage). Kontrollieren Sie das Gewicht alle 5 bis 6 Wochen. 10 % Gewichtsverlust während der gesamten Winterruhe sind für erwachsene, 15 % für Jungtiere noch normal. Ist der Gewichtsverlust größer, wecken Sie die Schildkröte auf (→ Seite 34). Danach müssen Sie mit ihr zum Tierarzt.

✔ Die Raumtemperatur im Keller, wo die Überwinterungskiste steht, kann zwischen 0° C und plus 12° C schwanken, darf 12° C jedoch nicht über einen größeren Zeitabschnitt (eine Woche oder mehr) überschreiten. Für die Schildkröten wäre das das Signal zum Aufwachen.

Hinweis: Während der Winterruhe darf nicht gefüttert werden. Regelmäßige Gewichtskontrollen stören das Tier jedoch nicht. In trockenen Kellern kann während der Winterruhe das Füllmaterial in der Kiste austrocknen. Gießen Sie deshalb auf Höhe der Gartenerde in den Ecken mit einer Blumengießkanne etwas Wasser nach. Es muß sofort in den Ecken versickern und darf keine Matschflächen erzeugen.

Ganz wichtig ist die nötige Feuchtigkeit für
junge Tiere, denn bei ihnen wirkt sich Flüssig-
keitsverlust besonders gravierend auf die Gesundheit aus.

So erwacht die Landschildkröte

Nach der bewährten Überwinterungszeit (→
Seite 31) holen Sie Ihr Tier aus dem Keller und
setzen es in seinen Unterschlupf im Quarantä-
neterrarium. Es wird zunächst weiterruhen.
Doch stellen Sie das Terrarium jetzt in einen
Raum mit einer Temperatur von etwa 20 bis
22°C und warten Sie, bis die Schildkröte von
selbst in Bewegung kommt und anfängt, das
Terrarium zu inspizieren.
Nun gibt es einige Dinge für Sie zu tun:
✔ Baden Sie das Tier in 24 bis 26°C warmem
Wasser. 10 bis 20 Minuten »Badezeit« sind in
der Regel ausreichend.
✔ Wenn die Schildkröte ausgiebig getrunken
hat, darf sie in ihr Terrarium. Heizung und
Beleuchtung werden laut Vorgaben geregelt
(→ Porträts, ab Seite 10).
✔ Bieten Sie der Schildkröte täglich frisches
Futter und Wasser an, auch wenn es bis zu ei-
ner Woche dauert, bis sie zu fressen beginnt.

Verweigerung der Winterruhe –
was tun?

Auch wenn Ihre Schildkröte alt ist und seit Jahren nicht eingewintert wurde, versuchen Sie
trotzdem, ihr die wohltuende Winterruhe zu ermöglichen. Gehen Sie dabei ebenso vor wie auf
Seite 33 beschrieben. Bleibt das Tier trotzdem
aktiv, setzen Sie es dennoch in die vorbereitete
Überwinterungskiste im Keller (→ Seite 37).
Warten Sie ab, ob es nach einer Woche immer
noch nicht zur Ruhe gekommen ist. Kontrollieren Sie das Gewicht besonders sorgfältig und
häufiger. Nimmt es innerhalb von 2 bis 3 Wochen 10 % ab, ist das Tier nicht überwinte-

*Der Winter naht. Die Schildkröte gräbt sich
ein, um ihren Winterschlaf zu halten.*

rungsfähig und muß dem Tierarzt vorgestellt
werden! Ein gesundes Tier findet auch nach
langer Entwöhnung innerhalb von 2 bis 3 Wochen in die Winterruhe.

Vorzeitiges Erwachen aus der
Winterruhe

Es kann vorkommen, daß Ihre Schildkröte vor
der veranschlagten Zeit wieder auf dem Laub
der Überwinterungskiste sitzt und einen mun-
teren Eindruck macht. Wiegen Sie das Tier
zunächst. Hat es mehr abgenommen als ver-
tretbar (→ Seite 33), muß es zum Tierarzt gebracht werden. Ist dies nicht der Fall, gehen Sie

so vor wie in dem Abschnitt »So erwacht die Landschildkröte« (→ Seite 34) beschrieben. Wenn sich die Schildkröte normal verhält, ausgiebig trinkt und in der vorgegebenen Zeit mit der Nahrungsaufnahme beginnt, ist der Tierarztbesuch vermutlich überflüssig.

Schildkröten aneinandergewöhnen

Schildkröten sind Einzelgänger und vermissen deshalb keinen Partner (→ Seite 7). Wer jedoch mehrere Schildkröten halten möchte, sollte unbedingt auf folgendes achten:

✔ Sorgen Sie dafür, daß für jedes Tier im Terrarium ein Versteck vorhanden ist.

✔ Auch unter der »Sonnenbank« muß genügend Platz sein, sonst kommt es zu Rangeleien. Besser ist es, jeweils ein bis zwei Sonnenplätze mehr zu haben, als Schildkröten vorhanden sind.

Im Frühling erwacht die Schildkröte und entsteigt ihrem Winterquartier.

✔ Alteingesessene Tiere verteidigen ihr Terrarium gegen Neulinge. In solch einem Fall kommt das Tier mit den »älteren Rechten« für etwa 14 Tage in Quarantäne. Währenddessen kann sich das neue im Terrarium heimisch machen. Dadurch läßt es sich nicht mehr so leicht einschüchtern.

Sollte es zu Kämpfen kommen oder verkriecht sich eines der Tiere, muß jede Schildkröte ein eigenes Terrarium bekommen!

Hinweis: Hilfreich ist für das Aneinandergewöhnen die Sommerzeit und der Aufenthalt in einer großzügig bemessenen Freianlage. Hier können sich die Tiere aus dem Weg gehen.

Kosmetik für Landschildkröten

Die Pflegemaßnahmen für eine Landschildkröte sind gering, wenn sie artgerecht gehalten und gesund ernährt wird.

Eine Pinzette ist nützlich zum Entfernen von Splittern oder Hautresten.

Zecken entfernen: Bei Schildkröten, die den Sommer über im Freiland leben, können sich Zecken in

Mit einer speziellen Zeckenzange lassen sich die Parasiten leicht entfernen.

den Hautfalten an Kopf und Beinen festsetzen. Drehen Sie die Parasiten mit Hilfe einer speziellen Zeckenzange aus dem Zoofachhandel aus der

Das Krallenschneiden mit einer Krallenzange sollten Sie sich vom Tierarzt zeigen lassen.

Haut des Tieres heraus. Die Drehrichtung spielt dabei keine Rolle (→ Zeichnung, rechts unten).

Zu lange Krallen: Wird die Schildkröte auf zu weichem Untergrund gehalten, kann sie ihre Krallen nicht abnutzen. Auch zuviel tierisches Eiweiß im Futter bewirkt übermäßiges Krallenwachstum. Zu lange Krallen behindern die Schildkröte beim Laufen und müssen mit einer speziellen Krallenzange (aus dem Zoofachhandel) gekürzt werden (→ Zeichnung, rechts oben). Lassen Sie sich das Krallenschneiden von einem Tierarzt zeigen.

Zu lange Hornscheiden: Durch zu weiche oder sehr eiweißreiche Nahrung können sich zu lange Hornscheiden am Mundrand bilden, die das Tier bei der Nahrungsaufnahme behindern. Sie müssen vom Tierarzt abgefeilt werden. Manche Arten wie z.B. *Cyclemys mouhoti* haben von Natur aus einen »Haken« am Oberschnabel, der ihnen als Kletterhilfe dient. Er darf nicht eingekürzt werden.

Panzer: Er bedarf keiner besonderen Pflege, kann jedoch mit zunehmendem Alter etwas matt und farblos werden. Reiben Sie ihn dann hauchdünn mit Vaseline oder »Huffett« ein.

Beim Krallenschneiden die Pfote mit einer Hand zwischen Daumen und Zeigefinger fixieren, mit der anderen Hand die Nagelschere halten und schneiden.

Sogar Schildkröten, die ausschließlich im Zimmerterrarium leben, können, beispielsweise über Walderde als Bodengrund, Zecken bekommen.

Anschließend den Panzer vorsichtig mit einem trockenen Tuch abreiben.

Hinweis: Ein zu dicker Auftrag bewirkt, daß das Horn nicht »atmen« kann. Außerdem zieht das Fett den Staub an, und die Schildkröte sieht unansehnlicher aus als zuvor.

Allgemeine Pflegemaßnahmen

	Landschildkröte	Einrichtung/Zubehör/Routinemaßnahmen
Unterbringung	Landterrarium (trocken); bei Garten auch Freilandterrarium; eventuell Überwinterungskiste. Gehegeeinrichtung einfach; technisches Zubehör notwendig (→ Seite 24)	Überwinterungskiste (→ unten) alljährlich mit frischem Waldboden und Laub füllen. Technisches Zubehör (Elektrische Kabel!) auf Schäden prüfen und reparieren.
Pflege der Unterkunft	Hygienemaßnahmen (→ Seite 46)	Einstreu aus Rindenhäcksel–Sandgemisch alle 2 bis 3 Monate auswechseln; Wurzeln und Steine waschen.
Ernährung	Vorwiegend pflanzlich	April bis Oktober frische Wiesen- und Gartenkräuter sammeln; sonst Heu und Gemüse.
Häufigster Pflegefehler	Fußbodenhaltung, dadurch Augen- und Lungenentzündung	Ganzjährige sorgsame Gesundheitsüberwachung notwendig (→ Tabelle, Seite 22).

Die Überwinterungskiste

Ein sicheres Winterquartier findet die Schildkröte in einer Überwinterungskiste, die am besten in einem kühlen Keller steht (0 bis 12 °C). Die Kiste sollte folgende Maße haben: 70 cm lang, 70 cm breit und 80 cm hoch. Sie wird aus locker gezimmerten Brettern gefertigt, so daß Luft ins Kisteninnere dringen kann. Füllen Sie den Boden der Kiste etwa 10 bis 20 cm hoch mit feuchter Lavaschlacke oder Blähton (Gartenfachhandel) auf. Darauf kommt eine 10 cm hohe Schicht feuchte Wald- oder Gartenerde. Füllen Sie nun bis etwa 10 cm unter den Kistenrand fast trockenes, aber nicht dürres Torfmoos und Laub. Setzen Sie die Schildkröte darauf. Sie gräbt sich selbst in die unteren Schichten ein. Zum Schluß die Kiste mit Maschendraht abdecken.

In dieser Überwinterungskiste verbringt Ihre Schildkröte sicher ihre Winterruhe.

VERSORGUNG IM URLAUB

Schildkröten fühlen sich in ihrer vertrauten Umgebung am wohlsten. Deshalb sollte man sie nicht auf eine Reise mitnehmen, sondern sich rechtzeitig um einen zuverlässigen Pfleger kümmern, der ins Haus kommt und das Tier versorgt.
Checkliste für die Urlaubsvertretung:
✔ Technik: Erläutern Sie, woran Defekte zu erkennen sind. Handgriffe für einfache Tests zeigen. Wie sind Defekte an Zeitschaltuhr und anderem elektrischen Zubehör zu beheben? Einfache Handgriffe zur Reparatur zeigen. Gegebenenfalls Adresse eines fachkundigen Helfers hinterlassen.
✔ Futter: Menge und Zusammensetzung aufschreiben. Häufigkeit und Zeitpunkt der Fütterung festlegen.
✔ Schildkröte: Normalverhalten erläutern, auf mögliche Besonderheiten im Verhalten hinweisen: Ist Balzzeit? Naht die Winterruhe? Steht eine Eiablage an? Ist die Winterruhe gerade überstanden? Welche Krankheiten können auftreten? Hinterlassen Sie die Telefonnummer und Adresse eines Sachverständigen bzw. eines Tierarztes, der um Rat gefragt werden kann.

Gesunde Ernährung hält fit

Landschildkröten bevorzugen Pflanzenkost. Dort, wo sie zu Hause sind, wachsen Gräser, Kräuter, Sträucher mit den vielfältigsten Blättern, Blüten und Früchten. An den Pflanzen sitzen Insekten, Raupen und Schnecken, mit denen die Schildkröten ihren sehr geringen Bedarf an tierischem Eiweiß decken.
Auch als Heimtier braucht eine Landschildkröte abwechslungsreiche Kost, um gesund zu bleiben. Zwar nimmt sie mit Vorliebe Bananen, Milchreis, in Milch eingeweichtes Weißbrot oder Kopfsalat und verweigert schließlich - einmal daran gewöhnt - jedes andere Futter. Doch diese einseitige Nahrung schadet Ihrer Landschildkröte auf Dauer. Das Tier verfettet und kann Mangelkrankheiten bekommen, an denen es stirbt. Gewöhnen Sie deshalb Ihre Schildkröte von Anfang an an gesundes Futter.

Blüten, Kräuter, Gemüse, Früchte

Auf einer Blumenwiese oder im Garten läßt sich gesundes Futter für Ihre Schildkröte sammeln: Blüten von Löwenzahn, Gänseblümchen, Butterblumen und vielem anderem mehr.
Wildkräuter/Kräuter wie Löwenzahn, Vogelmiere, Schafgarbe, Spitz- und Breitwegerich, Melde, Huflattich, Petersilie, Dill, Kerbel, Klee oder Wiesengras (im Herbst auch als Heu; dann aber nur unter gleichzeitiger Beigabe von Trinkwasser). Gräser und Heu sind ballaststoffreich. Sie sollten immer den Hauptbestandteil der Nahrung ausmachen!
Hinweis: Achten Sie beim Sammeln von Futterpflanzen bitte darauf, daß auf den Flächen keine Unkraut- oder Insektenvertilgungsmittel gesprüht wurden. Giftpflanzen dürfen ebenfalls nicht verfüttert werden!
Gemüse können Sie Ihrer Landschildkröte in großer Vielfalt, möglichst kleingeschnitten, anbieten. Möhren, Kohlrabi, Radieschen, Bohnen,

Erbsen (von allen Gemüsen Knollen, Früchte und Kraut), Tomaten oder Gurken. Auch im Freiland gezogene Salate, z. B. Kopfsalat, Eisbergsalat oder Feldsalat sind sehr zu empfehlen. Obst mögen alle Landschildkröten besonders dann, wenn es überreif ist und süß schmeckt. Dazu gehören Himbeeren, Erdbeeren, Bananen, Ananas, Äpfel oder Birnen. Doch füttern Sie Ihre Schildkröte nicht ausschließlich mit süßem Obst. Es kann wegen des hohen Zuckergehalts krank machen, da es im Darm leicht gärt und die Vermehrung von Parasiten fördert (→ Seite 47).

Hinweis: Landschildkröten haben einen ausgeprägten, feinen Geschmack. Ist der Hunger nicht zu groß, wird das Futter zunächst einmal ausgiebig berochen und geprüft, ob es genehm ist. Wenn Ihrer Schildkröte etwas besonders

Die Anschaffung einer Futterraufe lohnt sich vor allem dann, wenn man mehrere Schildkröten hält.

gut schmeckt, bevorzugt sie nur dieses Futter. Das »Gesunde« wird oft verschmäht. Hier hilft nur ein Trick: Schneiden Sie eine Zeitlang alles ganz fein. Dann ist das Tier nicht mehr in der Lage, sich nur bestimmtes Futter herauszusuchen.

Futterzusätze

Mineralien und Spurenelemente sind für eine gesunde Entwicklung der Schildkröte als Heimtier unbedingt nötig. Kneten Sie deshalb jeder Schildkröte - ob groß oder klein - zweimal wöchentlich ein Mineralsalzgemisch wie z.B.

Grundspeiseplan für Ihre Landschildkröte

Jahreszeit	Hauptkost
Frühjahr	Wiesenkräuter: Vogelmiere, Löwenzahnblüten, Gänseblümchenblüten, Wegerich, Gras, frisches Baumlaub
Sommer	wie im Frühjahr
Herbst bis Winter (bei Winterruhe keine Fütterung!)	Feldsalat, Kohlrabiblätter, blattreiches Heu, noch grünes/rotes Herbstlaub
	Die Verfütterung erfolgt frisch oder aufbereitet als Aspikfutter (→ Seite 41)
ganzjährig	Futterzusätze in geringen Mengen
	Mineralsalzgemische Corvimin ® oder Davinova ® (→ Seite 39) 2 x wöchentlich, Kalk (zerstoßene Eierschale), geriebene Karotten, 2-3 x pro Woche

*Leckerem Futter
kann keine
Schildkröte
widerstehen.*

Corvimin ® oder Davinova ® (beides beim Tierarzt erhältlich), in das Lieblingsfutter.
Bei den Futterzusätzen handelt es sich jeweils um Pulver. Nehmen Sie ein Streichholz und tauchen Sie es mit dem unteren Ende etwa 5 mm tief in das Pulver. Die Menge, die Sie mit dem Streichholz herausheben, ist ausreichend für eine Gabe. Die Kalkzufuhr, die vor allen Dingen bei heranwachsenden Schildkröten wegen der Panzerbildung und bei erwachsenen Weibchen wegen der Eischalenbildung (→ Seite 43) wichtig ist, können Sie durch Zugabe einer Extra-Kalkgabe decken. Kalk in Pulverform erhalten Sie im Zoofachhandel, oder Sie verwenden die geriebene Schale von gekochtem Hühnerei.
Hinweis: Bananen, Tomaten oder Pfirsiche enthalten viel Phosphor.

Zuviel Phosphor kann bei Schildkröten Rachitis (Panzererweichung) verursachen, ebenso wie Calcium-Mangel. Durch Zusatz von Kalk zu phosphorreichem Futter können Sie Schäden vermeiden.

Zusätzliche Vitamingaben bei Freilandhaltung während der Sommermonate, in denen Landschildkröten sich selbst vitaminreich ernähren, können Schaden anrichten! Besonders eine Überdosierung von Vitamin A ist schädlich (→ Seite 49).

Ein Spezialrezept

Gesundes Vollwertfutter läßt sich gut vorbereiten und portionsweise einfrieren.

Die Zutaten: 85 bis 90 % Pflanzenmaterial in reichhaltiger Zusammensetzung (Wiesenkräuter, Feldsalat, rohfaserreiches Blattwerk von Gemüsen und Stücke von Möhren, Kohlrabi oder Radieschen). 10 % fettfreies Hackfleisch vom Rind und 5 % Maisgries oder ungeschälter Reis (beides gekocht), Hühnereierschalen.

Die Zubereitung: Pflanzenteile und Eierschalen gründlich unter fließendem Wasser waschen und mit Wasser in einem hochtourigen Mixer zu Brei pürieren. Alles gut miteinander vermengen und auf 80°C (Thermometerkontrolle!) erwärmen.

Pro Liter Brei einen gestrichenen Teelöffel Mineralsalzgemisch (→ Seite 39) und eine in Wasser aufgelöste Vitamin-Brausetablette zufügen.

Unter ständigem Rühren den Brei auf 60°C abkühlen lassen und hochwertiges Aspikpulver (nach Gebrauchsanweisung) einrühren. Aspikgelatine von schlechter Qualität läßt das Futter nicht fest genug werden, so daß es später bei Wärme zerfallen würde. Nach dem Erstarren in einer Schüssel oder auf dem Backblech Tagesrationen abschneiden, die Sie in Plastikbeuteln tiefgefrieren und bei Bedarf auftauen können.

Checkliste
Fütterungsregeln

1 Leider gibt es keine Regel für die richtige Nahrungsmenge. Schildkröten fressen oft mehr, als ihnen guttut. Beobachten Sie Ihr Tier genau und versuchen Sie, ein Gespür dafür zu entwickeln, wann Schluß sein sollte. Regelmäßiges Wiegen hilft, eine überdurchschnittliche Gewichtszunahme festzustellen.

2 Die Tiere am besten zweimal während ihrer aktiven Zeit füttern. Stets frisches Trinkwasser anbieten.

3 Quellen die Hautfalten beim Einziehen der Beine blasenförmig aus dem Panzer hervor, ist das Tier zu fett. Vermindern Sie die Futtermenge so lange um 30 bis 40 %, bis die Fettvorräte aus der Unterhaut abgebaut sind.

4 Futterumstellungen »schleichend« vornehmen. Mengen Sie das in Aussicht genommene gesunde Hauptfutter in zunehmendem Maße unter das favorisierte Futter.

Nachwuchs bei Schildkröten

Immer häufiger ist es in den letzten Jahren ge-
lungen, Schildkröten in der Obhut des Menschen zu züchten. Bedenken Sie jedoch vor der
Zucht, daß Sie die erforderlichen Papiere für
den Verkauf von Jungtieren nur dann erhalten,
wenn Ihre Tiere bei der örtlichen Naturschutz-
behörde gemeldet sind.

Geschlechtsreife

Europäische Landschildkröten sind bereits in
einem Alter von 3 bis 5 Jahren geschlechtsreif
und können sich fortpflanzen. Viele andere
Arten erlangen die Geschlechtsreife in einem
Alter, das bei 5 bis 8 Jahren liegt. Allerdings
hängt die Fähigkeit zur Fortpflanzung nicht
allein vom Alter ab, sondern auch von der
Wachstumsgeschwindigkeit und den Bedingun-

*Die Paarungszeit vieler Landschildkröten-
Arten ist von Ende April bis Ende Mai.*

gen, unter denen ein Tier groß wird. Günstige
Lebensbedingungen und rasches Wachstum
fördern eine frühere Geschlechtsreife.

Tips für eine erfolgreiche Zucht

✔ Lassen Sie Ihre Schildkröten von Anfang an
eine Winterruhe durchmachen, sofern dies in
den Porträts angegeben ist (→ ab Seite 10).
✔ Pflegen Sie ein Pärchen, wenn möglich, in
den Sommermonaten in einer Freianlage. Die
besten Chancen für Nachwuchs ergeben sich in
einem schönen, warmen Sommer.
Bei reiner Terrarienhaltung können Sie folgendermaßen fördernd eingreifen:

*Bei der Paarung läßt das Männchen zi-
schende Laute vernehmen.*

✔ Trennen Sie Schildkröten, die keine Winterruhe halten ein bis zwei Monate vor dem ge-
planten Paarungstermin (außer Sicht-, Hör-
und Riechweite unterbringen) und führen Sie
sie dann wieder zusammen. Haben die Tiere
eine Winterruhe gut überstanden, dann war in
dieser Ruhephase die Trennung bereits gegeben.
✔ Verkürzen Sie die Brenndauer von Spotstrahler und Beleuchtung im Terrarium 3 Monate
vor der Paarungszeit auf höchstens 6 Stunden
pro Tag. Nach 2 Monaten beginnen Sie dann,
über 3 bis 4 Wochen hinweg die Besonnungs-
dauer auf ein Maximum von 10 bis 12 Stunden
zu steigern.

✔ Zeitgleich mit der Verkürzung der Bestrah-
lungsdauer senken Sie die Luft- und Wasser-
temperaturen um 4 bis 5°C (unter den Wert
der im Steckbrief als Obergrenze angegebenen
Temperaturen (→ Porträts, ab Seite 10). Zusätzliche Wärmequellen (Spotstrahler, Heizmatte)
bleiben ausgeschaltet.
✔ Mit Verlängerung der Beleuchtungsdauer
werden Luft- bzw. Wassertemperatur schritt-
weise über 3 bis 4 Wochen hinweg erhöht.
Schalten Sie in der letzten Woche stundenweise
den Spotstrahler und/oder die Heizmatte dazu.
✔ Sprühen Sie in der letzten Woche zweimal
täglich ausgiebig mit Hilfe einer Blumenspritze
und entkalktem Wasser das Terrarium und die
Schildkröte ab. Dadurch erhöht sich die Luftfeuchtigkeit im Terrarium. Zusammen mit der
zunehmenden Temperatur ist das ein weiterer
guter Auslöser für den Paarungstrieb.
✔ Wenn Sie zugleich mit dem Hochfahren der
Temperatur den Schildkröten frisches, zartes
Futter anbieten, werden die Tiere kaum umhin-
können, den »Frühling« wahrzunehmen, und
mit den Paarungsspielen beginnen (→ Seite 57).

Die Befruchtung der Eier

Wenn die Paarung der Schildkröten nach Plan
verlaufen ist, sollten Sie wissen, was im Körper
der Tiere vor sich geht:
Das Männchen hat seinen Samen bereits im
vorausgegangenen Sommer ausgebildet und
während der Winterruhe gespeichert.
Das Weibchen legt seine Eier ebenfalls im Sommer an und schließt die Entwicklung nach der
Winterruhe im Frühjahr ab. Bevor es die Schale
ausbildet, werden die Eier befruchtet. Dazu ist
nicht jedes Mal eine Paarung nötig, denn manche Weibchen können aufgenommenen Samen
bis zu vier Jahre speichern und, ohne daß ein
Männchen zugegen sein muß, noch nach ein
bis drei Jahren befruchtete Eier legen.

Die Eier künstlich erbrüten

Landschildkröten vergraben ihre Eier im Terrarium, wenn die Sandhöhe mindestens der Panzerlänge entspricht und der Sand feucht und warm ist. Nach der Eiablage - Europäische Landschildkröten legen je nach Körpergröße bis zu 30 Eier pro Jahr - sollten Sie die Eier in Sicherheit bringen, damit die Schildkröte sie im begrenzten Terrarium nicht beschädigt. Mit einem weichen Bleistift werden die Eier an der Oberseite markiert. Sie dürfen während der gesamten Brutdauer nicht mehr gedreht werden, da das Dotter sonst den Keim erdrückt und das Ei abstirbt. Sie können die Eier auch numerieren, denn manche Arten legen alle Eier auf einmal, andere dagegen in Abständen von 5 bis 10 Tagen. Die Brutkammer besteht aus einer Kunststoff-Klarsichtdose, halb gefüllt mit angefeuchtetem Vermiculit ®, (aus dem Baumarkt) oder einfachem Bausand. Betten Sie die Eier zur Hälfte in das Vermiculit. Verschließen Sie die Box mit dem passenden Deckel. So entsteht die nötige Luftfeuchtigkeit von 100 %. Lüften Sie den Deckel einmal täglich und fächeln Sie durch 3 bis 4 kurze Schwünge mit dem Deckel Frischluft in die Brutkammer. Sorgen Sie dafür, daß das

Schildkröten vergraben ihre Eier auch in unseren Breiten im Freiland, doch die Klimabedingungen reichen für eine sichere Erbrütung nicht aus.

Die »Künstliche Glucke« (im Zoofachhandel erhältlich) hat sich für Schildkrötenzüchter gut bewährt.

Kondenswasser am Deckel nicht auf die Eier tropft (sie könnten absterben). Stellen Sie die Dose mit einer Seite auf eine Streichholzschachtel, so daß sie schräg steht und das Kondenswasser am Innern des Deckels zur Kante hin ablaufen kann. Jetzt die Box in einen Raum mit einer Temperatur von 28 °C bringen. Ideale Temperaturen entstehen in der auf Seite 45 oben beschriebenen Brutkammer.

Die ideale Brutkammer

Sie besteht aus einem einfachen Kunststoffaquarium, in dem Sie zwei Ziegelsteine hochkant plazieren, um es anschließend bis kurz unter die Oberkante der Ziegelsteine mit Wasser zu füllen. Auf die Ziegelsteine stellen Sie die auf Seite 44 beschriebene Kunststoffdose mit den Eiern. Das Wasser beheizen Sie mit einem einfachen Aquarienheizer, so daß eine Kammertemperatur von 28 ° C entsteht. Die Temperatur darf um etwa 1 bis 2° C nach oben und unten schwanken.

Decken Sie das Aquarium mit einer Glasscheibe ab, die Sie durch Einschieben eines kleinen Holzkeiles schräg stellen, so daß Kondenswasser an der Scheibenunterseite abfließen kann.

Das Schlüpfen der Jungtiere erfolgt nach ca. 90 Tagen (bei Europäischen- und manchen Dosenschildkröten), kann aber auch über 400 Tage dauern (bei Pantherschildkröten).

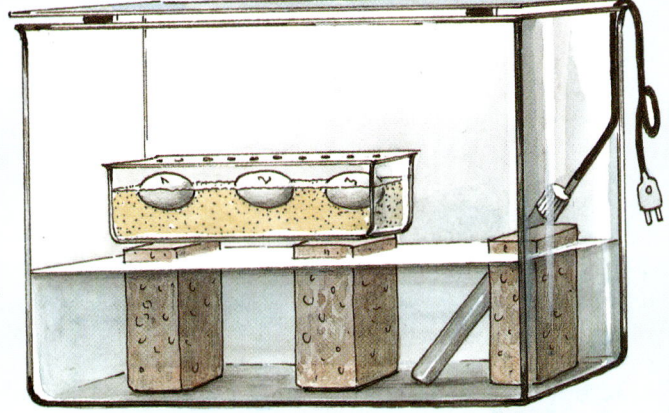

Ideale Temperaturen zum Ausbrüten der Eier entwickeln sich in diesem mit Wasser gefüllten und beheizten Kunststoffaquarium.

Aufzucht der Jungtiere

Nach dem Schlüpfen können die Jungen einige weitere Tage in der Brutbox bleiben, bis ihr Dottersack am Bauchnabel zurückgebildet ist. Voraussetzung ist, daß die Box groß genug ist. Danach die frisch geschlüpften Jungtiere getrennt von den Elterntieren aufziehen. Ihre Lebensbedingungen, wie Temperatur oder Futter, sind mit denen der Elterntiere identisch. Allerdings fressen die Jungen nicht gleich nach dem Schlupf. Etwa eine Woche vergeht, bis sich ihr Stoffwechsel von der Verdauung des Dotters auf die Verdauung fester Nahrung umgestellt hat. Schneiden Sie das Futter klein, damit es für die Jungen gut zu greifen ist. Für eine geregelte Kalk- und Vitaminzufuhr sorgen (→ Seite 40). Übertreiben Sie die Vitaminversorgung jedoch nicht! Sie wirkt dann ebenso schädlich wie eine Unterversorgung.

Der Schlupfvorgang dauert bei Schildkröten ein bis drei Tage. Währenddessen sollten Sie die Tiere nicht stören.

Gesundheitsvorsorge und Krankheiten

Die meisten Krankheiten, die Schildkröten als Heimtiere bekommen, sind auf Pflegefehler zurückzuführen. An den ersten Stellen der Krankheitsursachen stehen Zugluft (→ Seite 21), Mangel an den nötigen Wärmequellen (→ Seite 24), falsche Ernährung und Vitaminmangel bzw. -überversorgung (→ Seite 49). Auch unsaubere Haltung kann zu schwerwiegenden Erkrankungen führen.

Wichtige Hygienemaßnahmen

Badebecken und feuchte Sandzonen, die das Becken umgeben, sind wahre Brutstätten für Magen- und Darmwürmer, deren Eier und Larven und für Amöben und Bakterien aller Art. In der Natur wandern Schildkröten große Strecken und begegnen den Parasiten, die sie ausscheiden, nie wieder. Im Terrarium ist das zwangsläufig anders. Beim Trinken und Fressen nehmen sie die ausgeschiedenen Keime wieder auf, sofern nicht eine gründliche Hygiene dafür sorgt, daß die »Keimzahlen« klein gehalten werden. Mit der Wiederaufnahme von Eiern und Larven wird die Schildkröte erneut von den Parasiten befallen und deren Zahl vermehrt. Dem ist der Organismus der Schildkröte nicht gewachsen, und sie erkrankt.

Reinigen Sie täglich das Wasserbecken und halten Sie den Bo-

den der Umgebung trocken. Am besten geschieht das durch das Verlegen von Steinplatten, die von einer Bodenheizung erwärmt werden (→ Seite 24).

Wechseln Sie den Sand, der das Wasserbecken umgibt, häufig aus (entsprechend der Verschmutzung durch die Schildkröte alle 4 bis 8 Wochen). Die Schildkröte setzt ihren Kot gern ins Wasser ab. Dann Wasser sofort wechseln!

Schildkröten als Krankheitsüberträger

Es gibt zahlreiche Parasiten wie z.B. Amöben, die im Körper der Schildkröte bzw. allgemein in wechselwarmen Tieren leben. Diese Parasiten können jedoch nicht im Körper eines Menschen bei einer konstanten Körpertemperatur von 37°C gedeihen. Aus diesem Grund ist die Gefahr einer Krankheitsübertragung sehr gering. Wenn Sie Ihre Schildkröte wurmfrei halten und vorsorglich ihren Kot zweimal pro Jahr vom Tierarzt auf Parasiten untersuchen lassen, die notwendigen hygienischen Maßnahmen im Terrarium durchführen und sich nach jeder Arbeit im Terrarium die Hände waschen, besteht keinerlei Gefahr für Ihre Gesundheit.

Die häufigsten Krankheiten

Schildkröten sind stumme Hausgenossen, die sich bei Schmerzen nicht durch Laute äußern können. Beobachten Sie deshalb Ihr Tier genau. Wenn Sie außergewöhnliche Verhaltensveränderungen wie z.B. Apathie oder Appetitlosigkeit oder äußerliche Veränderungen wie z.B. geschwollene Augenlider feststellen, sollten Sie nicht zögern, Ihre Schildkröte sofort einem Tierarzt vorzustellen.

Ein wenig Gymnastik, um an die süße Frucht zu kommen, ist gesund.

Durchfall

<u>Anzeichen:</u> Breiiger Kot.

<u>Mögliche Ursachen:</u> Falsche Fütterung, Protozoen-, Wurm- oder Pilzinfektion.

<u>Behandlung:</u> Wenn dem Kot kein Blut beigemengt ist und das Tier sich sonst lebhaft verhält, wird es zunächst auf Diät gesetzt: kein Obst, Grünfuttermenge reduzieren und viel trockene Anteile, wie Laub und Heu, beimischen. Als Ersatz für das Trinkwasser Kamillentee oder schwarzen Tee (10 Minuten ziehen lassen!) reichen. Tritt innerhalb von 2 bis 3 Tagen keine Besserung ein, muß die Schildkröte zum Tierarzt gebracht werden. Kotprobe mitnehmen!

Veränderungen des Harns

<u>Anzeichen:</u> Bei den meisten Landschildkröten besteht der Harn aus einem wäßrig-klaren An-

»Sonne tanken« und sich so zu erwärmen ist für die wechselwarmen Tiere unverzichtbar.

teil und einem weißen, schleimigen Klecks darin, der aus auskristallisierter Harnsäure besteht. Veränderter Harn ist dickflüssig und hat in einem fortgeschrittenen Krankheitsstadium keine weiße Schleimspur mehr. Später sind kleine Steinchen im Harn zu finden.

Die Schildkröte verhält sich ruhiger als gewöhnlich, ihre Gelenke, auch die Hinterbeine schwellen an.

<u>Ursache:</u> Je höher die Konzentration des Harns ist, das heißt, je weniger das Tier trinkt, um so mehr Harnsäure fällt in immer größeren Kristallen aus. Das Tier dickt den Harn mehr und mehr ein, um Wasser zu sparen. Trotz der schützen-

TIP

Pflege des kranken Tieres

✔ Ein kranke Schildkröte sollte im Quarantäneterrarium gepflegt werden (→ Seite 29). Sie vermeiden so, daß sich die Artgenossen anstecken, die Dekoration mit Keimen oder Wurmeiern »verseucht« wird und daß eingesalbte Körperpartien mit Sand verkleben.

✔ Wärme- und UV–Bestrahlung: Beachten Sie bitte, daß ein krankes Tier oft länger als ihm guttut unter der Wärme- bzw. UV-Lampe sitzt. Hier droht die Gefahr eines Sonnenbrandes. Behalten Sie deshalb das Tier sorgsam im Auge und nehmen Sie es gegebenenfalls aus dem Strahlenkegel heraus. Das gilt auch für Rotlicht mit der Gefahr des Austrocknens.

✔ Hygienemaßnahmen: Sorgen Sie besonders bei einem kranken Tier für peinlichste Sauberkeit im Terrarium (→ Seite 46).

den Schleimstoffe im Harn wird dann irgendwann die Zellauskleidung von Nierenkanälchen und Analblase durch die Kristallnadeln gereizt und entzündet sich. Bakterien und Flagellaten können sich vermehren. Eiweißflocken, abgestorbene Zellen und Kristalle wachsen zu immer größeren Partikeln heran und blockieren immer mehr Nierenkörperchen. Die Nieren können nicht mehr das Zellgift Harnstoff und die gichtauslösende Substanz Harnsäure ausscheiden. Es kommt zu einer Vergiftung im Körper der Schildkröte. Sie entwickelt einen Blasenstein oder eine Gicht, die oft mit einer schmerzhaften Gelenkschwellung verbunden ist.

Behandlung: Die Schildkröte sofort zum Tierarzt bringen, denn unbehandelt sind diese Erkrankungen mit großen Schmerzen für das Tier verbunden und führen schließlich zum Tod. Vorbeugend wirken mehrmals wöchentlich Bäder, wobei das Tier reichlich Wasser aufnimmt und so die Nieren durchgespült werden.

Atemnot

Anzeichen: Mit vorgestrecktem Hals und weit geöffnetem Maul läßt die Schildkröte fiepende, stöhnende oder schnarchende Geräusche hören, zwischendurch senkt sie immer wieder müde den Kopf.

Mögliche Ursachen: Lungenentzündung; Verstopfung; Legenot (→ Seite 49); Aufgasung von Magen oder Darm; Blasenstein oder Harnsäureklumpen, die eine Entleerung der Analblase verhindern; Ödeme durch Nieren- oder Herzerkrankung.

Behandlung: Sie dürfen das Tier keinesfalls erwärmen! Die damit verbundene Erhöhung des Stoffwechsels kann akut lebensgefährlich sein! Am besten sofort mit der Schildkröte einen Tierarzt aufsuchen, denn nur er kann eine genaue Diganose stellen.

Hinweis: Zu atmungsbehindernden Belägen im Maul kann es durch Pilz-, Bakterien- oder Herpesinfektionen kommen. Herpes verläuft meist tödlich.

Nur eine sofortige Qarantäne, Hygiene- und Desinfektionsmaßnahmen können dann den Restbestand retten.

Geschwollene Augen

Ursache: Fremdköper im Auge, Verletzungen, Zugluft.

Behandlung: Nur durch den Tierarzt. Er wird die Augen der Schildkröte mit einer kleinen Tränenkanüle frei spülen und gegebenenfalls Augensalbe verordnen.

Panzerverletzungen

Ursache: Meist Unfälle.
Behandlung: Oberflächliche Hornabschürfungen sind harmlos. Ist die Wunde jedoch so tief, daß sie bis zum Knochen durchgeht, muß die Schildkröte zum Tierarzt gebracht werden. Er entfernt das infizierte Gewebe und behandelt die entstandene Knochenwunde täglich.

Mineralstoffmangel

Anzeichen: Häufig ist zu beobachten, daß Schildkröten Sand oder Kies in größeren Mengen aufnehmen.
Mögliche Ursache: Mineralstoffmangel.
Abhilfe: Sorgen Sie für eine ausreichende Versorgung mit Mineralstoffen (→ Seite 40). Vermindert man die Aufnahme von Sand und Kies nicht, kann es zu schwerwiegenden Verstopfungen des Magen-Darmtraktes mit Todesfolge kommen.

Tomaten enthalten viel Phosphor, was durch Kalkzufuhr ausgeglichen werden muß. Es kann sonst zu einer Panzererweichung kommen.

Vitamin-A-Vergiftung

Anzeichen: Häutung bis aufs »rohe« Fleisch.
Behandlung: Nur durch den Tierarzt. Das Tier muß sehr sauber gehalten (Infektionsgefahr!) und gut gefüttert werden. Bringen Sie einen Fliegenschutz im Terrarium an. Die Wunden vorsichtig mit Heilsalbe verstreichen. Mehrere Monate lang Vitamin-A-Präparate meiden.

Vitamin-D^3-Vergiftung

Anzeichen: Der Schildkrötenpanzer wird weich, an den Nähten treten Blutungen auf.
Behandlung: Nur durch den Tierarzt. Die Schildkröte äußerst vorsichtig berühren. Regelmäßige Mineralstoffzufuhr sichern. Keinen Zugang zu Sand und Kies geben. Gekochte Eierschalen pulverisieren und der Schildkröte täglich über das Futter streuen. Auf D3-Präparate verzichten und für eine regelmäßige UV-Bestrahlung sorgen (→ Seite 23).

Legenot

Anzeichen: Erfolgloses Graben und vergebliche Preßversuche beim Eierlegen.
Mögliche Ursachen: Sowohl Mineralstoff- als auch Hormonmangel kann zu Legenot führen. Aber auch ein zu großes Ei, mißgebildete Eier, ein abgeknickter oder verdrehter Eileiter, eine Verstopfung, durch Sand verursacht, eine Kloakenverletzung oder ein Blasenstein können eine Legenot bei Schildkröten verursachen.
Behandlung: Nur der Tierarzt kann klären, welche Ursache der Legenot zugrunde liegt.

VERHALTEN UND BESCHÄFTIGUNG

Auch wenn viele Schildkrötenarten sich inzwischen in der Obhut des Menschen wohl fühlen und sich sogar fortpflanzen, sind Schildkröten Wildtiere geblieben. Um eine Schildkröte richtig zu verstehen, müssen Sie sich mit ihrem Wesen und ihren natürlichen Verhaltensweisen auseinandersetzen.

Die Körpersprache

Schildkröten sind nicht in der Lage, mit ihrer Stimme ihre »Gemütsverfassung« auszudrücken. Lautäußerungen können Sie nur während der Paarung beim Männchen vernehmen (→ Seite 57) oder wenn das Tier an Atemnot leidet (→ Seite 48). Wohlbehagen oder Unwohlsein werden vorwiegend durch die Körpersprache ausgedrückt:

✔ An-der-Wand-entlang-Laufen und -Klettern: Schildkröten, die unablässig an der Terrarienwand entlangstreifen und versuchen, in einer Ecke hochzuklettern, sind wahrscheinlich mit ihren Lebensumständen unzufrieden. Überprüfen Sie die Haltungsbedingungen (→ Seite 10). **Hinweis:** Hat die Schildkröte ihr Terrarium neu bezogen, kann es sich bei diesem Verhalten auch um ein neugieriges Erkunden des Reviers handeln. Nach ein bis zwei Tagen sollte die Schildkröte jedoch zur Ruhe gekommen sein.

✔ Graben in der Erde: Gräbt Ihre halbwüchsige bzw. erwachsene Landschildkröte unablässig in der Erde, dann besitzen Sie möglicherweise ein

Saftige Löwenzahnblüten gehören für Landschildkröten zu den begehrtesten Leckerbissen.

Weibchen, das Eier ablegen will. Dieses Verhalten ist auch dann zu beobachten, wenn gar keine Erde, sondern nur eine glatte Unterlage vorhanden ist. Sie müssen dann alle Maßnahmen treffen, um der Schildkröte die Möglichkeit zur Eiablage zu bieten (→ Seite 44).

✔ Alle viere von sich strecken: Dieses Verhalten, bei dem alle Gliedmaßen, auch Kopf und Schwanz, so weit wie möglich aus dem Panzer hervorgestreckt werden, beobachten Sie in der Regel immer dann, wenn das Tier sich von der Sonne, sei es eine natürliche oder künstliche, bescheinen läßt. Der Kopf liegt dabei meist flach auf dem Boden, die Augen sind geschlossen. **Hinweis:** Wenn Ihre Schildkröte den ganzen Tag in dieser Position unter einer Heizungs- oder UV-Lampe liegt, ist das ein Alarmsignal! Stellen Sie durch Aufheben der Schildkröte fest, ob sie noch wehrhaft und aktiv ist. Haben Sie den Eindruck, daß ihre Reaktion auf die Störung schwächer ist als üblich, ist Ihre Schildkröte vermutlich krank und muß zum Tierarzt. Beachten Sie auch die Gefahr eines Sonnenbrandes (→ Seite 48).

✔ Die Schildkröte richtet sich auf allen ausgestreckten vieren auf und reckt den Kopf nach oben: So zeigt sie ihre Neugierde und ihr Interesse an ihrer Umgebung. Auch beim Koten nimmt sie diese Haltung ein.

✔ Kopf und Beine einziehen: Zieht die Schildkröte Kopf und Beine ruckartig zurück, hat sie sich erschreckt und möchte nicht gestört werden.

✔ Die Schildkröte besteigt mit den Vorderbeinen rundliche Gegenstände wie große Steine, Ihre Schuhspitze, aber auch andere Schildkrötenmännchen: Vermutlich haben Sie ein Männchen, das seinen Paarungstrieb wegen einer fehlenden Partnerin »ersatzweise« an Gegenständen abreagiert, die es mit einem Weibchen verwechseln könnte. Derartig »mißbrauchte« Männchen, aber auch paarungsunwillige Weibchen entziehen sich der Belästigung durch eilige Flucht.

✔ Die Schildkröte vergräbt sich in ihrer Höhle oder einer Ecke und stellt die Nahrungsaufnahme ein: Tritt dieses Verhalten im Herbst auf, kann es ein Signal dafür sein, daß die Schildkröte in die Winterruhe möchte. Russische Landschildkröten können dieses Verhalten auch zur Einleitung der Sommerruhe während des Hochsommers zeigen (→ Seite 33). Zu anderen Jahreszeiten kann ein solches Verhalten jedoch auch ein Zeichen dafür sein, daß das Tier krank ist.

Sinnesleistungen der Schildkröte

Das Riechvermögen ist sehr gut und führt die Schildkröte zielsicher zum Geschlechtspartner und zum Futterplatz. Direkt am Futter orientiert sie sich fast nur über den Geruchssinn.

Die Augen sind sehr scharf, vor allem, um in der Ferne Futter oder Feinde wahrzunehmen. So kann die Griechische Landschildkröte z. B. aus größerer Entfernung eine ihrer Lieblingsspeisen, die gelbe Löwenzahnblüte, erkennen. Direkt davor läßt sie sich jeoch von der Nase leiten. Viele Schildkröten erkennen auch die ihnen vertraute Person auf große Entfernung.

Das Gehör ist weniger leistungsfähig. Schildkröten nehmen tiefe Töne am besten wahr. So ist es auch dem Menschen möglich, die Schildkröte durch Rufen oder mit tiefen Tönen eines Instrumentes zu locken. Auch Bodenschwingungen (Tritt, fallende Steine) werden gehört, indem die Schwingungen über die Beine und den Panzer zum Innenohr weitergeleitet werden. Eine äußere Ohrmuschel fehlt, so daß das Trommelfell direkt unter der Haut liegt. Aus diesem Grund ist das Ohr manchmal schwer zu erkennen. Es liegt etwas hinter der »Wange« und ist oft von einer ledrigen Haut oder von Schuppen bedeckt.

Besonderheiten des Körperbaus

Der Panzer ist das Auffälligste an der Schildkröte. Er besteht größtenteils aus lebendem, verletzlichem Material. Das tragende Element sind Knochenplatten, die aus Teilen der Wirbelsäule, der Rippen und des Schultergürtels und aus verknöcherten Hautpartien geformt sind. Somit ist der Panzer Teil des Knochenbaus, des Skelettes. Dieses Knochengewölbe ist von

Alles in Ordnung. Neugierig streckt die Dosenschildkröte ihren Kopf vor.

einer empfindlichen Knochenhaut überzogen. Jeder, der schon einmal einen Tritt gegen das Schienbein bekommen hat, weiß, wie empfindlich diese Knochenhaut ist. Die Knochenhaut am Schildkrötenpanzer ist ebenso empfindlich und letztlich nur von den Hornplatten geschützt. Nur diese Hornplatten sind »totes Material«, das etwa dem menschlichen Fingernagel vergleichbar ist.

Hinweis: Zwischen den einzelnen Hornschildern entdecken Sie Fugen. In diesen meist hellen Zonen kann die Hornschicht wachsen und ist entsprechend dünn. Das bedeutet zugleich, daß diese Regionen ungeschützt und hochempfindlich gegen Kratzen, Bürsten und Bohren mit dem Fingernagel sind!

Viele Schildkrötenpanzer lassen auf den Hornschichten »Wachstumsringe« erkennen, die Auskunft über die Wachstumsschübe des Panzers geben, nicht jedoch über das Alter der Schildkröte.

Während der Panzer der Landschildkröte mit dem Alter etwas höckriger und im Hornschild dicker wird, nutzt er sich gleichmäßig von außen her ab. Das geschieht beim Umherstreifen durch Scheuern an Wurzeln, Dornen und Steinen sowie beim Graben in der Erde. Solange das Tier gesund ist, kommt es nicht zur Ablösung ganzer Hornplatten.

Eine weitere Besonderheit des Schildkrötenpanzers sind Scharniergelenke, die bei Dosenschildkröten anzutreffen sind (→ Seite 13). Damit wird der Schutz des Panzers in einer verblüffenden Weise perfektioniert. Während eine »normale« Schildkröte, wie z. B. die Griechische Landschildkröte, Kopf, Arme und Beine in den Panzer einzieht, die derbe Haut der Beine aber

Es könnte brenzlig werden. Schnell wird der Panzer rundum geschlossen.

TIP

Verformter Panzer

Einige Schildkrötenhalter erzählten mir eine verblüffende Geschichte. Ihnen wurden junge bis halbwüchsige Schildkröten angeboten, die keinen ebenmäßig gerundeten Panzer hatten, sondern einen seltsam verformten. Bei diesen Tieren standen die einzelnen Knochen- bzw. Hornplatten kegelförmig empor. Angeblich Exemplare eines ganz seltenen Höckertyps. Dies ist natürlich Unsinn. Mit großer Wahrscheinlichkeit handelte es sich um Schildkröten, die verwachsen, unsachgemäß ernährt oder mit einer Stoffwechselstörung behaftet waren. Vom Kauf eines solchen Tieres ist dringend abzuraten. Allerdings gibt es Arten, die als Jungtiere einen wohlgerundeten Panzer haben, erwachsen und im hohen Alter jedoch stark ausgeprägte »Hornpyramiden« auf den einzelnen Schildflächen tragen wie z. B. die Sternschildkröte. Dies ist kein Krankheitsanzeichen.

DOLMETSCHER

Wenn Sie Schildkröten verstehen lernen möchten, müssen Sie ihre Verhaltensweisen richtig deuten können.

 Dieses Verhalten zeigt meine Schildkröte.

 Was drückt meine Schildkröte damit aus?

 So reagiere ich richtig auf ihr Verhalten!

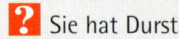 Die Schildkröte trinkt.

Sie hat Durst.

Tränken immer flach anlegen, damit sie das Tier bequem erreichen kann.

Das Tier überklettert ein Hindernis.

Es hat vielleicht Futter gerochen.

Hindernisse halten fit!

Alle viere von sich gestreckt.

Diese Schildkröte nimmt ein Sonnenbad.

Sorgen Sie dafür, daß Ihre Schildkröte immer genug Sonne tanken kann.

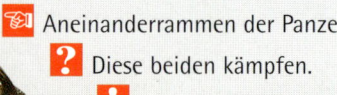

Aneinanderrammen der Panzer.

Diese beiden kämpfen.

Tiere, die sich auf Dauer nicht vertragen, müssen getrennt werden.

👆 Den Rachen weit aufgesperrt.

❓ Die Schildkröte gähnt kräftig.

❗ Dies drückt Unbehagen aus.

👆 Hinterbeine aufgestellt.

❓ In dieser Stellung kotet die Schildkröte.

❗ Stören Sie das Tier jetzt nicht.

👆 Männchen und Weibchen beriechen sich.

❓ Dieses Verhalten gehört zum Paarungsritual.

❗ Richten Sie sich auf Schildkrötennachwuchs ein.

👆 Diese Schildkröte ist abgestürzt.

❓ Sie rudert mit den Vorder- und Hintergliedmaßen.

❗ Das Tier kann sich allein aufrichten.

👆 Die Schildkröte gräbt ein Loch.

❓ Hier legt sie ihre Eier ab.

❗ Stellen Sie dem Tier einen Brutkasten zur Verfügung (→ Seite 45).

👆 Weit vorgestreckter Kopf.

❓ Das Tier wittert etwas.

❗ Haben Sie mit einem Leckerbissen gelockt?

Auch harte Pflanzenstengel durchtrennt die Schildkröte mühelos.

noch nach außen zeigt, kann die Dosenschildkröte den quergeteilten Bauchpanzer vorn und hinten zugbrückenartig hochziehen. Damit hat sie alle Körperöffnungen verschlossen und ist perfekt geschützt.

Andere Schildkröten haben vergleichbare Mechanismen, z.B. die mit einem Rückenpanzerscharnier ausgestattete Gelenkschildkröte.

Der zahnlose Schnabel ist ein weiteres, auffälliges Schildkrötenmerkmal. Schildkröten haben scharfe Hornschneiden, mit denen sie Pflanzen leicht zerhäckseln und tierisches Material zerschneiden können. Bei einigen Arten ist die Spitze des Oberkiefers verlängert. Sie dient als Kletterhilfe (→ Porträts, ab Seite 10).

Die Krallen sind bei den Landschildkröten als Nägel ausgebildet. Sie wachsen langsam, bei einem zu reichlichen Nahrungsangebot an tierischem Eiweiß aber auch schneller. Dann kommt die Schildkröte mit der Abnutzung nicht mehr nach. Die Krallen werden länger! Mit zu langen Krallen kann die Schildkröte in Ritzen hängenbleiben und sich die Nägel aus dem Bett reißen. Es kann in solch einem Fall zu schlimmen Entzündungen kommen. Zu lange Krallen müssen gekürzt werden (→ Seite 36).

Hinweis: Sowohl die Hornscheiden am Mundrand als auch die Krallen wachsen ständig nach. Achten Sie daher auf eine gute Abnutzung! Sind Krallen bzw. die Hornscheiden am Mundrand zu lang geworden, müssen sie eingekürzt werden (→ Seite 36).

Das Paarungsverhalten
der Schildkröte

Männchen in Paarungsstimmung sind immer
auf der Suche nach einem Weibchen. Sie steu-
ern auf alles zu, was auch nur entfernt nach
einer Schildkröte aussieht, um es zu beriechen.
Ist es tatsächlich eine weibliche Schildkröte
derselben Art - was vom Männchen u.a. durch
Testen des arteigenen Geruchs festgestellt
wird -, dann umrundet das Männchen das Weibchen in engen Kreisen. Das Weibchen hält
früher oder später an und betrachtet den »Freier«. Der beißt es jetzt in die Vorderbeine, um
es zum Einziehen von Kopf und Beinen zu ver-
anlassen. Natürlich erwartet er, daß das Weibchen dabei sein Hinterteil nicht ebenfalls im
schützenden Panzer birgt. Tut es das, ermuntert
er seine Auserwählte durch leichte Rammstöße,
die er mit seinem Panzer gegen den ihren aus-
führt. Er möchte sie so zunächst zum Laufen
bewegen, um dann das beschriebene Ritual zu
erneuern. Hält das Weibchen sich an die »Spiel-
regel«, besteigt das Männchen seine Partnerin
von hinten, um sich mit ihr zu vereinen. Dabei
stößt es zischende, pfeifende oder leise »keu-
chende« Laute aus.

Hinweis: Es kann geschehen, daß das Weibchen
nicht in Paarungsstimmung zu bringen ist oder
das Männchen einen ausgeprägten Sexualtrieb
hat. Das Männchen kann so zudringlich werden,
daß das Weibchen nicht mehr zum Fressen
kommt und durch die Bisse verletzt wird. Dann
die beiden für einige Wochen trennen!
Eier werden von geschlechtsreifen Schildkröten-
weibchen auch abgelegt, wenn diese nicht von
einem Männchen befruchtet wurden. Versucht
das Weibchen, mit den Hinterbeinen eine Grube
auszuheben, sorgen Sie für genügend Sandhöhe
im Terrarium oder setzen Sie das Tier in eine
Sandkiste. Es kann sonst leicht zu einer lebens-
bedrohenden Legenot kommen (→ Seite 49).

Checkliste
Beschäftigung

1 Sorgen Sie dafür, daß viele Sinnes-
reize auf Ihre Schildkröte einwirken.

2 Schildkröten, die gern klettern,
bieten Sie dicke, flach gelagerte
Äste an, die so breit sein müssen,
daß das Tier bequem darauf ent-
langlaufen kann.

3 Sorgen Sie im Terrarium für Verstecke und bauen Sie Hindernisse
in Form von Steinen oder Wurzeln,
die zu umschreiten oder zu überklettern sind.

4 Verstecken Sie Futter an verschiedenen Stellen im Terrarium,
so daß der Geruchssinn der Schildkröte gefordert und sie zum
Laufen animiert wird.

5 Ändern Sie jedoch nicht ständig die
Dekoration. Dies verunsichert Ihre
Schildkröte. Sie braucht ein Terri-
torium, das ihr vertraut ist und in
welchem sie sich gut zurechtfindet.

Auch wenn eine Schildkröte kein Schhmusetier ist, so mag sie ausgiebiges »Kraulen« doch sehr. Zum Zeichen wird der Kopf weit vorgestreckt.

Für ausgiebige Schmuse- und Streichelstunden sind Schildkröten sicher nicht die richtigen Heimtiere. Doch wer gern beobachtet, kann sein Tier zu den interessantesten Verhaltensweisen »herausfordern« und es zu Aktivitäten animieren, die der Gesundheit der Schildkröte gut tun. Darüber hinaus entwickeln Schildkröten zu einem Menschen,

So wird die Schildkröte handzahm

Futter spielt die Hauptrolle im Leben einer Schildkröte. Deshalb wird sie am schnellsten handzahm, wenn Sie sie mit einem Leckerbissen locken.

Finden Sie durch Beobachten heraus, was Ihre Schildkröte am liebsten mag. Das kann ein Stück Banane sein, eine Löwenzahnblüte oder ein Stück Tomate. Nehmen Sie den Leckerbissen zwischen Daumen und Zeigefinger und halten Sie ihn dem Tier vor den Schnabel. Die Schildkröte wird das Futter zunächst vorsichtig beriechen, an dem außerdem der Geruch Ihrer Hand haftet.

Dann wird sie zaghaft mit dem Fressen beginnen. Vermeiden Sie jetzt jede abrupte Bewegung, sonst erschreckt sich die Schildkröte und verliert sofort das Vertrauen zu Ihnen. In der Regel gewöhnt sich eine Schildkröte schnell daran, daß von Ihrer Hand nur Gutes kommt, nämlich leckeres Futter.

Eine Übung für Fortgeschrittene ist folgender kleiner »Dressurakt«. Legen Sie sich einen Leckerbissen auf die Handwurzel. Halten Sie die geöffnete Hand so vor die Schildkröte, daß sie sie als Rampe nutzen und auf Ihre Hand klettern kann.

Hinweis: Waschen Sie sich nicht die Hände mit parfümierter Seife, bevor Sie das Tier anfassen. Dadurch wird Ihr Eigengeruch überdeckt, und die Schildkröte erkennt Sie nicht mehr an Ihrem persönlichen »Duft«.

Eine Schildkröte, die Vertrauen zu Ihnen gefaßt hat, holt sich einen Leckerbissen auch direkt von Ihrer Hand.

der sich viel mit ihnen beschäftigt, ein vertrautes Verhältnis. Sie werden handzahm und können sogar lernen herbeizukommen, wenn sie gerufen werden.

Hinweis: Bei allen auf dieser Seite beschriebenen »Übungen« ist es wichtig, dem Tier stets selbst zu überlassen, was es tun will. Oberstes Prinzip sollte sein, die natürliche Neugierde der Schildkröte mit viel Phantasie auszunutzen und Leistungen mit einem Leckerbissen zu belohnen. Aufheben, Drehen und Herumtragen des Tieres ist also keine »Beschäftigung« in diesem Sinne.

Eine Schildkröte handzahm zu machen hat den großen Vorteil, daß Sie bei pflegenden Eingriffen, etwa beim Entfernen einer Zecke, nicht mit viel Gegenwehr zu rechnen haben. Es macht sich auch bezahlt, wenn Ihre Schildkröte freiwillig Hautpartien zeigt, die Sie bei eingezogenen Gliedmaßen nicht begutachten können.

Der Ton dieses kleinen Glöckchens ist möglicherweise zu fein, um von der Schildkröte wahrgenommen zu werden.

Auf Lautgebung trainieren

Eine Schildkröte kann vor allem tiefe Töne hören. Es ist deshalb möglich, sie mit Hilfe einer tiefen Stimme, eines Musikinstruments oder einer tief tönenden Glocke »herbeizurufen«. Ich kenne selbst einige Fälle, in denen die Schildkröten auf Zuruf der Halterin oder auf Klavierspiel aus ihrem Versteck kamen, um sich Futter abzuholen. Üben Sie sich jedoch in Geduld, wenn Ihr Tier nicht »auf Anhieb« begreift, was Sie von ihm wünschen.

Sollte der kleine »Dressurakt« bei Ihrer Schildkröte überhaupt nicht klappen, dürfen Sie nicht enttäuscht sein. Auch Schildkröten haben eine eigene Persönlichkeit, und nicht jedes Tier reagiert so wie ein anderes.

Liebe geht bei Schildkröten durch den Magen. Für einen Leckerbissen vergessen sie jegliche Scheu.

Die halbfett gesetzten Seitenzahlen verweisen auf Farbfotos und Zeichnungen.

Der Lohn für eine gute
Pflege ist ein gesundes Tier.

Adressen, die weiterhelfen

• DGHT Deutsche Gesellschaft für Herpetologie und Terrarienkunde e. V.
Geschäftsstelle:
Wormersdorfer
Str. 46-48,
53359 Rheinbach.

Durch eine Mitgliedschaft in der DGHT kommen Sie in Kontakt mit anderen Schildkrötenfreunden, die im gesamten deutschsprachigen Raum, auch in der Schweiz und in Österreich in »Ortsgruppen« organisiert sind. Außerdem erhalten Sie durch zwei vereinseigene Fachzeitschriften neueste Informationen über die Haltung und Zucht von Schildkröten und eine regelmäßig erscheinende Zucht- und Nachfrageliste für Reptilien aller Art.

Fragen zur Schildkrötenhaltung beantwortet:

Ihr Zoofachhändler und der Zentralverband Zoologischer Fachbetriebe Deutschlands e.V., D-63225 Langen, Tel. 0 61 03/91 07 32 (nur telefonische Auskunft möglich)

Bücher, die weiterhelfen

(falls nicht im Buchhandel, dann in Bibliotheken erhältlich)

• Obst, F.J./Meusel, W.:
Die Landschildkröten Europas.
Westarp Wissenschaften, Magdeburg.

• Nietzke, G.:
Die Terrarientiere (Band 1 und 2).
Verlag Eugen Ulmer, Stuttgart.

Zeitschriften, die weiterhelfen

• *ELAPHE.* Zeitschrift der DGHT.

• *SALAMANDRA.* Zeitschrift der DGHT.

• *DATZ* vereinigt mit *AQUARIEN MAGAZIN* (die Aquarien- und Terrarienzeitschrift). Eugen Ulmer Verlag, Stuttgart.

• *HERPETOFAUNA.* Die Zeitschrift für den Terrarianer. Herpetofauna Verlag, Weinstadt.

• DAS TIER. Egmont Ehapa Verlag. Leinfelden-Echterdingen.

Der Autor

Dr. Hartmut Wilke studierte Meeresbiologie und Fischereiwissenschaft an den Universitäten Mainz und Hamburg. Promotion über Fischkrankheiten. Von 1973 bis 1983 Leiter des Exotariums am Zoologischen Garten Frankfurt am Main. Seit 1983 über 14 Jahre Leiter des Zoologischen Gartens in Darmstadt. Die Reptilienzucht gehört zu seinen Arbeitsschwerpunkten. Der Autor hat aus dieser Zeit über 20 Jahre Berufserfahrung in der Schildkrötenpflege.

Dank

Autor und Verlag danken Herrn Lutz Jakob für das Einbringen seiner praktischen Erfahrungen aus 35jähriger Schildkrötenhaltung und Frau Dr. Renate Keil für das Kapitel »Gesundheitsvorsorge und Krankheiten«.

Der Fotograf

Die Fotos in diesem Buch stammen von Uwe Anders, mit Ausnahme von Reinhard: Seite 11 li.o., 14 re.o., 15 re.o. Uwe Anders ist Diplombiologe und seit vielen Jahren als freier Naturfotograf und als Kameramann für Naturfilmproduktionen tätig. Er schreibt Artikel zu Naturthemen und unterrichtet an verschiedenen Institutionen Natur- und Reisefotografie. Im Gräfe und Unzer Verlag sind bereits zahlreiche Tier-Ratgeber mit seinen Aufnahmen erschienen.

Der Zeichner

György Jankovics, Grafiker, hat für die GU Redaktion Natur bereits viele Tier- und Pflanzen-Ratgeber illustriert.

An unsere Leserinnen und Leser

Wir freuen uns, Ihre Meinung zu diesem TierRatgeber zu erfahren. Bitte schreiben Sie uns, wenn Sie Berichtigungen und Ergänzungsvorschläge haben oder wenn Ihnen etwas besonders gut gefällt.

Gräfe und Unzer Verlag
Redaktion Natur
Stichwort: TierRatgeber
Postfach 86 03 66
D-81630 München

Fotos: Buchumschlag und Innenteil

Umschlagvorderseite: Vierzehen-Landschildkröte (großes Foto), junge Griechische Landschildkröte (kleines Foto). Umschlagrückseite: Strahlenschildkröte.
Seite 1: Karolina-Dosenschildkröte.
Seite 2/3: Griechische Landschildkröte beim Trinken.
Seite 4/5: Zwei Vierzehen-Landschildkröten verzehren Tomaten- und Apfelstücke.
Seite 6/7: Junge Griechische Landschildkröte.
Seite 64: Griechische Landschildkröten.

Impressum

© 1998 Gräfe und Unzer Verlag GmbH, München. Alle Rechte vorbehalten. Nachdruck, auch auszugsweise, sowie Verbreitung durch Bild, Funk und Fernsehen, durch fotomechanische Wiedergabe, Tonträger und Datenverarbeitungssysteme jeder Art nur mit schriftlicher Genehmigung des Verlages.

Redaktion:
Gabriele LInke-Grün, Anita Zellner
Umschlaggestaltung und Layout:
Heinz Kraxenberger
Zeichnungen:
György Jankovics
Herstellung:
Heide Blut/ Susanne Mühldorfer
Satz:
Heide Blut
Reproduktion:
Penta Repro
Druck und Bindung:
Stürtz

ISBN   3-7742-3703-4

Auflage   4. 3. 2.
Jahr 2001 2000 99

Wichtige Hinweise

Die in diesem Buch beschriebenen elektrischen Geräte für die Terrarienpflege (→ Seite 21 bis 26) müssen mit dem gültigen TÜV-Zeichen versehen sein. Es muß auf die Gefahren geachtet werden, die bei dem Umgang mit derartigen elektrischen Geräten und Leitungen, insbesondere in Verbindung mit Wasser, bestehen. Es wird dringend die Anschaffung eines elektronischen Fehlstrom-Überwachungsgerätes empfohlen, das die Stromzufuhr unterbricht, sobald in Geräten oder Leitungen ein Schaden auftritt. In gleicher Weise funktioniert ein FI-Schalter (Fehlstrom-Schutzschalter), der nur vom Fachmann installiert werden darf.

1 Kann eine Landschildkröte im Gartenteich ertrinken?

Ja, denn Landschildkröten können nicht schwimmen. Teiche müssen unbedingt mit einem Zaun abgesichert werden.

2 Kann man die Schildkröte auf dem Dachboden überwintern?

Nein, denn dort sind die Temperaturschwankungen (Frost/Sonne) zu extrem.

3 Schadet es der Schildkröte, wenn sie im Zimmer auf dem Fußboden lebt?

Das Tier ist sehr empfindlich gegen Zugluft und erkältet sich leicht. Selbst bei Fußbodenheizung tritt Zugluft auf.

4 Ist es unbedingt nötig, eine Schildkröte in Winterruhe zu schicken?

Ja, denn die Winterruhe stärkt das Immunsystem der Schildkröte und unterstützt die Fortpflanzungsbereitschaft.

5 Können verschiedene Schildkrötenarten miteinander Nachwuchs bekommen?

Ja, bei manchen nahe verwandten Arten wie etwa Griechischer Landschildkröte und Breitrandschildkröte kommt dies vor. Verpaarungen jedoch bitte aus Artenschutzgründen vermeiden.